Riadh BOUSLIMI

Système de reconnaissance des mots manuscrits arabe multi-scripteurs

Riadh BOUSLIMI

Système de reconnaissance des mots manuscrits arabe multi-scripteurs

reconnaissance des mots manuscrits arabe

Éditions universitaires européennes

Mentions légales/ Imprint (applicable pour l'Allemagne seulement/ only for Germany)
Information bibliographique publiée par la Deutsche Nationalbibliothek: La Deutsche Nationalbibliothek inscrit cette publication à la Deutsche Nationalbibliografie; des données bibliographiques détaillées sont disponibles sur internet à l'adresse http://dnb.d-nb.de.
Toutes marques et noms de produits mentionnés dans ce livre demeurent sous la protection des marques, des marques déposées et des brevets, et sont des marques ou des marques déposées de leurs détenteurs respectifs. L'utilisation des marques, noms de produits, noms communs, noms commerciaux, descriptions de produits, etc, même sans qu'ils soient mentionnés de façon particulière dans ce livre ne signifie en aucune façon que ces noms peuvent être utilisés sans restriction à l'égard de la législation pour la protection des marques et des marques déposées et pourraient donc être utilisés par quiconque.

Photo de la couverture: www.ingimage.com

Editeur: Éditions universitaires européennes est une marque déposée de Südwestdeutscher Verlag für Hochschulschriften GmbH & Co. KG
Dudweiler Landstr. 99, 66123 Sarrebruck, Allemagne
Téléphone +49 681 37 20 271-1, Fax +49 681 37 20 271-0
Email: info@editions-ue.com

Produit en Allemagne:
Schaltungsdienst Lange o.H.G., Berlin
Books on Demand GmbH, Norderstedt
Reha GmbH, Saarbrücken
Amazon Distribution GmbH, Leipzig
ISBN: 978-613-1-57737-6

Imprint (only for USA, GB)
Bibliographic information published by the Deutsche Nationalbibliothek: The Deutsche Nationalbibliothek lists this publication in the Deutsche Nationalbibliografie; detailed bibliographic data are available in the Internet at http://dnb.d-nb.de.
Any brand names and product names mentioned in this book are subject to trademark, brand or patent protection and are trademarks or registered trademarks of their respective holders. The use of brand names, product names, common names, trade names, product descriptions etc. even without a particular marking in this works is in no way to be construed to mean that such names may be regarded as unrestricted in respect of trademark and brand protection legislation and could thus be used by anyone.

Cover image: www.ingimage.com

Publisher: Éditions universitaires européennes is an imprint of the publishing house Südwestdeutscher Verlag für Hochschulschriften GmbH & Co. KG
Dudweiler Landstr. 99, 66123 Saarbrücken, Germany
Phone +49 681 37 20 271-1, Fax +49 681 37 20 271-0
Email: info@editions-ue.com

Printed in the U.S.A.
Printed in the U.K. by (see last page)
ISBN: 978-613-1-57737-6

REPUBLIQUE TUNISIENNE
MINISTERE DE L'ENSEIGNEMENT SUPERIEUR ET DE
LA RECHERCHE SCIENTIFIQUES ET TECHNOLOGIQUES

UNIVERSITE DE JENDOUBA
FACULTE DES SCIENCES JURIDIQUES, ECONOMIQUES ET DE GESTION DE JENDOUBA

MEMOIRE DE MASTÈRE

Présenté en vue de l'obtention du
Diplôme de Mastère Recherche
En Informatique de Gestion :
DONNÉES, CONNAISSANCES ET SYSTÉMES DISTRIBUÉS
par

Riadh BOUSLIMI

Sujet

Système de reconnaissance hors-ligne
des mots manuscrits arabe
pour multi-scripteurs

Composition de jury :

Président	:	Salah BOUMAIZA	Maître de Conférence	FSJEG Jendouba
Rapporteur	:	Abderrazak JMAI	Maître Assistant	INSAT Tunis
Encadreur	:	Jalel AKAICHI	Maître Assistant	ISG Tunis

Soutenue le 21/10/2006

Remerciements

Je tiens à remercier en premier lieu mon encadrant Dr. Jalel AKAICHI, pour la patience dont il a fait preuve à mon égard, et pour l'orientation qu'il m'a donné à mon travail.

Je lui suis également reconnaissant d'avoir su me communiquer sa passion pour la recherche.

J'espère sincèrement que nous pourrons continuer à travailler ensemble.

Un grand merci à mon frère Walid, pour son soutien quotidien, et pour son encouragement.

Je remercie ma mère pour son encouragement répété. Je remercie aussi mon père pour son soutien inconditionnel.

Table des matières

Remerciements 2
Table des matières 3
Liste des tableaux 5
Liste des figures 6
INTRODUCTION GÉNÉRALE 7
Chapitre 1 : Etat de l'Art 8
1.   Introduction 9
2.   Différents aspects de l'OCR 9
  2.1.   Reconnaissance En-Ligne et Hors-Ligne 9
    2.1.1.   La reconnaissance *En-Ligne (on-line)* 9
    2.1.2.   La reconnaissance hors-ligne *(off-line) :* 10
  2.2.   Approches de reconnaissance 11
    2.2.1.   Approche globale 11
    2.2.2.   Approche analytique 12
    2.2.3.   Problématique de l'approche analytique 13
    a.   Segmentation explicite 13
    b.   Segmentation implicite 13
    c.   Sans segmentation 14
3.   Problèmes liés à l'OCR 14
4.   Processus de reconnaissance 16
  4.1.   Phase d'acquisition 16
  4.2.   Phase de prétraitement 17
    a.   La binarisation 17
    b.   Extraction de composantes connexes 18
    c.   Redressement de l'écriture 18
    d.   Lissage 18
    e.   Normalisation 18
    f.   Squelettisation 19
  4.3.   Phase de segmentation 19
  4.4.   Phase d'extraction des caractéristiques 19
    a.   Caractéristiques structurelles : 19
    b.   Les caractéristiques statistiques : 20
    c.   Les transformations globales : 20
    d.   Superposition des modèles (template matching) et corrélation : 20
  4.5.   Phase de classification 21
    a.   L'apprentissage 21
    b.   Reconnaissance et décision 21
    i.   Approche statistique 22
    ii.   Approche structurelle 23
    iv.   Approche stochastique 24
  4.6.   Phase de Post-Traitement 24
5.   Quelques systèmes de reconnaissance d'écriture arabe (AOCR) 24
6.   Conclusion 30
Chapitre 2 : MÉTHODE PROPOSÉES 31
1.   Limite des méthodes existantes 32
  1.1.   Modèle de Markov Cachés (**Hidden Markov Model**) 32

1.1.1.   Mise en ouvre des Modèles de Markov Cachés 32
1.1.2.   Expérimentation et limites sur l'écriture arabe...........................32
1.2.   Réseaux de Neurones..33
1.2.1.   Mise en ouvre des Réseaux de Neurones 33
1.2.2.   Expérimentation et limites sur l'écriture arabe...........................33
1.3.   Caractéristiques morphologiques de l'écriture Arabe 33
2.   Système proposé...35
2.1.   Description générale 35
2.2.   Description détaillée 37
2.2.1.   Sous système d'apprentissage..37
2.2.1.1.   Pré-traitement...37
2.2.1.2.   Traitement...41
2.2.2.   Sous système de reconnaissance 44
2.2.2.1.   Pré-traitement...44
2.2.2.2.   Traitement...44
2.2.2.3.   Post-traitement...47
3.   Conclusion 48
Chapitre 3 : RÉALISATION DU SYSTÈME...49
1.   Description et expression des besoins 50
2.   Tests de réalisation 51
2.1.   Tests des composants...51
2.2.   Tests du système..51
3.   Processus d'utilisation 52
3.1.Apprentissage des modèles des lettres 52
3.2.   Reconnaissance des mots manuscrits arabes 53
4.   Conclusion 54
Chapitre 4 : Application du système « RIMA » dans une école pour l'enseignement des âgés 55
1.   Extension du système « RIMA » 56
1.1.   Présentation...56
1.2.   Description détaillée 57
2.   Test et expérience..57
2.1.   Données d'expérience 57
2.2.   Expérimentation 60
2.2.1.   Post-traitement avec superviseur 60
2.2.2.   Post-traitement sans superviseur 61
2.3.   Statistiques de reconnaissances 61
3.   Conclusion 63
Conclusion et Perspectives...64
BIBLIOGRAPHIE 66
Annexes..69

Liste des tableaux

Tableau n°1 : Quelques systèmes de reconnaissance d'écriture arabe(AOCR) 25

Tableau n°2: Différentes formes des lettres de l'alphabet arabe.......................................46

Tableau n°3 : Nombres des formes d'apprentissages mono-scripteur.............................47

Tableau n°4: Base d'apprentissage minimale d'un mono-scripteur..................................61

Tableau n°5 : Données d'expériences...63

Tableau n°6 : Résultat d'expérimentation...64

Tableau n°7 : Expérimentation avec un post-traitement supervisé...................................64

Tableau n°8 : Statistiques de reconnaissances.............. 65

Liste des figures

Figure 1: Différents systèmes, représentations et approches de reconnaissance............12
Figure 2 : Exemples de Segmentations [A. Belaïd 2002]......................................13
Figure 3 : Schéma général d'un système de reconnaissance de caractères..................15
Figure 4 : Différents niveaux de résolution [A. Belaïd et Y. Belaïd 92]..................16
Figure 5 : effets de certaines opérations de prétraitement. 17
Figure 6 : Exemple de Binarisation adaptative [H. Emptoz, F. Lebougoies 2003]..........17
Figure 7 : Exemple de normalisation de mots manuscrits [A. Belaïd 2002]. 19
Figure 8 : Architecture globale du système..36
Figure 9 : Exemple de binarisation d'une image couleur. 37
Figure 10 : Exemple d'encadrement d'une lettre dans une image.........................40
Figure 11 : Exemple de normalisation d'une lettre 40
Figure 12 : Exemple de matrice de distribution (5*5) de la lettre alphabet arabe «jim »42
Figure 13 : Exemples de corrélation 45
Figure 14 : Processus de correspondance...46
Figure 15 : Processus de correction 47
Figure 16 : Le processus d'évaluation automatique du résultat 48
Figure 17 : Maquette principale du système 50
Figure 18 : Sous système d'apprentissage des modèles des lettres arabes 50
Figure 19 : Sous système de reconnaissance des mots manuscrits arabes 51
Figure 20 : Modèle d'apprentissage..52
Figure 21 : Portion de la base d'apprentissage 52
Figure 22 : Modèle de reconnaissance 53
Figure 23 : Exemple de reconnaissance de mot manuscrit 54
Figure 24 : Processus d'évaluation des examens 56
Figure 25 : Exemple d'une copie d'examen d'un élève 59
Figure 26 : Taux d'erreurs 62

INTRODUCTION GÉNÉRALE

La reconnaissance de l'écriture manuscrite remonte à plus d'une trentaine d'années. Aujourd'hui, il existe plusieurs domaines dans lesquels la reconnaissance de l'écriture manuscrite est attendue avec impatience, comme dans le tri automatique du courrier, le traitement automatique de dossiers administratifs, des formulaires d'enquêtes, ou encore l'enregistrement des chèques bancaires.

Ces applications montrent clairement les spécificités du domaine de la reconnaissance de l'écriture manuscrite par rapport à celui de la reconnaissance optique des caractères (OCR : Optical Character Recognition) qui concerne les caractères imprimés ou dactylographiés. Il est nécessaire de distinguer également la reconnaissance en ligne (on-line) de l'écriture manuscrite, qui relève plutôt de l'interfaçage entre l'homme et l'ordinateur (un stylo spécial est connecté à la machine et ne fonctionne que sur une tablette sensible), de la reconnaissance hors ligne (off-line) ou l'entrée est une image numérique de l'écriture. Seule la reconnaissance hors ligne sera considérée dans ce travail.

La reconnaissance de l'écriture manuscrite par ordinateur est du domaine de la fiction pour quelques années encore surtout pour la langue arabe. Tous les chercheurs sont confrontés à un problème difficile et incontournable, celui de la segmentation. La segmentation fait partie du processus de prétraitement et d'extraction de l'information. Cependant nous proposons une autre approche incrémentale de la reconnaissance de l'écriture manuscrite arabe et qui ne fait pas recours à la segmentation et utilise une technique que nous appelons *matrice de distribution*.

Dans un premier chapitre, nous présentons une vue globale sur l'analyse de documents et ses différentes méthodes de retro-conversion. Nous allons expliquer les deux types d'écriture en-ligne et hors-ligne ainsi que les différentes approches existantes pour la reconnaissance. Nous proposons dans le second chapitre notre approche pour la reconnaissance de l'écriture manuscrite arabe. Nous y détaillons, notamment, l'architecture de notre système ainsi que certains algorithmes de modules. Dans le chapitre 3 nous décrivons l'implémentation de notre approche. Dans le chapitre 4 nous menons des essais expérimentaux pour évaluer la performance du système réalisé. Enfin, nous présentons nos perspectives après avoir conclure le mémoire.

Chapitre 1

Etat de l'Art

Objectifs du chapitre

L'analyse automatique de documents concerne essentiellement la rétro-conversion d'une image d'un document en un format compatible avec des données sémantiques. Il existe deux types d'écriture le manuscrit et l'imprimé. En effet, la régularité de l'imprimé permet d'utiliser des techniques beaucoup plus fiables et beaucoup plus directes et rapides que celles pour le manuscrit dont la complexité et la variabilité sont très importantes. Nous allons présenter les concepts de bases et les méthodes de reconnaissance en fonction du mode d'acquisition de l'écriture et nous allons nous intéresser plutôt sur les méthodes de reconnaissance d'écriture manuscrite hors ligne.

1. Introduction

Ces dernières années, des progrès considérables ont été réalisés dans la mise en oeuvre de systèmes pour la reconnaissance de l'écriture manuscrite, et cela grâce, d'une part aux nombreux travaux effectués dans ce domaine, et, d'autre part, à la production évaluée à bas prix des micro-ordinateurs et des systèmes d'acquisition (scanner, tablette à digitaliser…etc.).

La reconnaissance de l'écriture manuscrite par ordinateur est un domaine très vaste, Les travaux de recherches sur l'écriture arabe, bien qu'ils soient moins nombreux en comparaison avec d'autres types d'écriture (ex. le Latin et le Japonais).

Nous présenterons dans ce chapitre les différents aspects d'un OCR (Optical Character Recognition) ainsi que ces principaux problèmes, ensuite nous présenterons le processus de reconnaissance de l'écriture manuscrite ainsi que ces différentes approches. Enfin nous présenterons quelques travaux de recherches sur l'écriture manuscrite.

2. Différents aspects de l'OCR

Il n'existe pas de système universel d'OCR qui permet de reconnaître n'importe quel caractère dans n'importe quelle fonte. Tout dépend du type de données traitées et bien évidemment de l'application visée **[N. Ben Amara 1999]**. Il existe plusieurs modes de classification des systèmes OCR parmi lesquels on peut citer :

- ✓ Les systèmes qualifiés de « en-ligne » ou « hors-ligne » suivant le mode d'acquisition.

- ✓ Les approches globales ou analytiques selon que l'analyse s'opère sur la totalité du mot, ou par segmentation en caractères.

- ✓ Les approches statistiques, structurelles ou stochastiques relatives aux traits caractéristiques extraits des formes considérées.

2.1. Reconnaissance En-Ligne et Hors-Ligne

Ce sont deux modes différents d'OCR, ayant chacun ses outils propres d'acquisition et ses algorithmes correspondants de reconnaissance.

2.1.1. La reconnaissance *En-Ligne (on-line)*

Ce mode de reconnaissance s'opère en temps réel (pendant l'écriture). Les symboles sont reconnus au fur et à mesure qu'ils sont écrits à la main.

Ce mode est réservé généralement à l'écriture manuscrite, c'est une approche «signal» où la reconnaissance est effectuée sur des données à une dimension. L'écriture est représentée comme un ensemble de points dont les coordonnées sont en fonction du temps **[Lecolinet 1993]**, **[Al-Badr 1995]**.

La reconnaissance en-ligne présente un avantage majeur c'est la possibilité de correction et de modification de l'écriture de manière interactive vu la réponse en continu du système **[Lallican 00]**.

L'acquisition de l'écrit est généralement assurée par une tablette graphique munie d'un stylo électronique.

2.1.2.La reconnaissance hors-ligne *(off-line)* :

Elle démarre après l'acquisition, elle convient aux documents imprimés et les manuscrits déjà rédigés. Ce mode peut être considéré comme le cas le plus général de la reconnaissance de l'écriture. Il se rapproche du mode de la reconnaissance visuelle. L'interprétation de l'information est indépendante de la source de génération **[Tsang 2000]**.

La reconnaissance hors-ligne peut être classée en plusieurs types :

- ✔ *Reconnaissance de texte ou analyse de documents* : Dans le premier cas il s'agit de reconnaître un texte de structure limitée à quelques lignes ou mots. La recherche consiste en un simple repérage des mots dans les lignes, puis à un découpage de chaque mot en caractères **[N. Ben Amara 1999]**. Dans le second cas (analyse de document), il s'agit de données bien structurés dont la lecture nécessite la connaissance de la typographie et de la mise en page du document. Ici la démarche n'est plus un simple prétraitement, mais une démarche experte d'analyse de document il y'a localisation des régions, séparation des régions graphiques et photographique, étiquetage sémantique des zones textuelles à partir de modèles, détermination de l'ordre de lecture et de la structure du document **[Trenkle 1997]**.

- ✔ *Reconnaissance de l'imprimé ou du manuscrit* : Les approches diffèrent selon qu'il s'agisse de reconnaissance de caractères imprimés ou manuscrits. Les caractères imprimés sont dans le cas général alignés horizontalement et séparés verticalement, ce qui simplifie la phase de lecture **[Ben Amara N. 1999]**. La forme des caractères est définie par un style calligraphique (fonte) qui constitue un modèle pour l'identification. Dans le cas du manuscrit, les caractères sont souvent ligaturés et leur graphisme est inégalement proportionné provenant de la variabilité intra et interscripteurs. Cela nécessite généralement l'emploi de techniques de délimitation spécifiques et souvent des connaissances contextuelles pour guider la lecture **[S.Al. Fahmy 2001]** .

Dans le cas de l'imprimé, la reconnaissance peut être monofonte, multifonte ou omnifonte .

- Un système est dit *monofonte* s'il ne peut reconnaître qu'une seule fonte à la fois c'est à dire qu'il ne connaît de graphisme que d'une fonte unique. C'est le cas le plus simple de reconnaissance de caractères imprimés **[Anigbogu 1992]**.

- Un système est dit *multifonte* s'il est capable de reconnaître divers types de fontes parmi un ensemble de fontes préalablement apprises **[N. Ben Amara 1999]**.

- Et un système *omnifonte* est capable de reconnaître n'importe quelle fonte, généralement sans apprentissage préalable. Cependant ceci est quasiment impossible car il existe des milliers de fontes dont certaines illisible par l'homme (sauf bien sure pour celui qui l'a conçue) et avec un logiciel de création de fonte n'importe qui peut concevoir des fontes à sa guise.

Dans le cas du manuscrit, la reconnaissance peut être monoscripteur, multiscripteur ou omniscripteur. L'écriture manuscrite hors-ligne peut être classée en deux catégories d'écritures : écriture cursive et écriture semi-cursive.

- Un système est dit *Mono-scripteur (propres au scripteur)* : c'est le fait que le système ne peut reconnaître qu'une seul écriture. Tous ces éléments influent sur la forme des lettres (écriture penchée, bouclée, arrondie, linéaire, etc.) et bien sûr sur la forme des ligatures, compromettant parfois le repérage des limites entre lettres.

- Un système est dit *Multi-scripteur (propres à l'écriture manuscrite):* c'est que le système peut identifier et reconnaître l'écriture pour un certain nombre de scripteurs.

- Et un système est dit *Omni-scripteur (propres à n'importe quelle écriture manuscrite):* c'est le fait de réduire l'information contenue dans l'image au minimum nécessaire pour modéliser précisément la structure des caractères. **[P. Dargenton 1999]** à proposé une méthode d'appariement de deux graphes structurels quelconques qui permet de déterminer la meilleure ressemblance ou correspondance entre deux formes, tandis que la reconnaissance consiste à sélectionner ensuite la meilleure appariement réalisé parmi un alphabet de référence.

2.2. Approches de reconnaissance

Deux approches s'opposent en reconnaissance des mots : globale et analytique. La figure n°1 nous montre comment réaliser un système OCR.

2.2.1. Approche globale

L'approche globale se base sur une description unique de l'image du mot, vue comme une entité indivisible. Disposant de beaucoup d'informations, en effet, la discrimination de mots proches est très difficile, et l'apprentissage des modèles nécessite une grande quantité d'échantillons qui est souvent difficile à réunir.

Cette approche est souvent appliquée pour réduire la liste de mots candidats dans le contexte d'une reconnaissance à grands vocabulaires. Il est nécessaire d'utiliser dans ce cas des primitives très robustes (coarse features). Le mot reconnu est ensuite trouvé à l'aide de primitives de plus en plus précises (ou d'un classifieur de plus en plus fin). Cette combinaison de classifieurs est appelée combinaison sérielle par Madvanath **[S. Madvanath & V. Govindaraju 1992]**, par opposition à la combinaison parallèle où les sorties des classifieurs sont considérées en même temps. Pour les vocabulaires réduits et distincts (exemple: reconnaissance de montants littéraux de chèques bancaires), cette approche reste parfaitement envisageable comme cela a été fait par Simon [**J. C. Simon 1992**], Gilloux [**M. Gilloux & M. Leroux 1993**], Knerr [**S. Knerr & al. 1997**], Guillevic [**D. Guillevic and C. Suen 1997**] et Saon [**A. Belaïd et G. Saon. 1997**].

2.2.2. Approche analytique

L'approche analytique basée sur un découpage (segmentation) du mot. La difficulté d'une telle approche a été clairement évoquée par Sayre en 1973 et peut être résumée par le dilemme suivant : "*pour reconnaître les lettres, il faut segmenter le tracé et pour segmenter le tracé, il faut reconnaître les lettres*". Il s'ensuit qu'un processus de reconnaissance selon cette approche doit nécessairement se concevoir comme un processus de relaxation alternant les phases de segmentation et d'identification des segments. La solution communément adoptée consiste à segmenter le mot manuscrit en parties inférieures aux lettres appelés *graphèmes* et à retrouver les lettres puis le mot par combinaison de ces graphèmes. C'est une méthode de segmentation explicite qui s'oppose à la segmentation interne où la reconnaissance des lettres s'opère sur des hypothèses de segmentation variables (générées en fonction des observations courantes) [**R. G. Casey and E. Lecolinet 1995**]. Cette approche est la seule applicable dans le cas de grands vocabulaires.

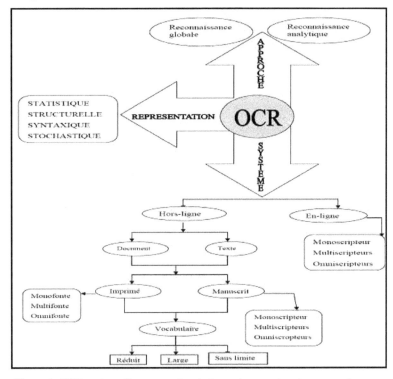

Figure 1: Différents systèmes, représentations et approches de reconnaissance.

2.2.3. Problématique de l'approche analytique

L'approche analytique présente quelques problèmes au niveau de la localisation. Sayre en 1973 a évoqué le dilemme suivant : « *Pour apprendre les modèles de lettres il faut pouvoir localiser ces dernières, et pour les localiser il faut avoir appris les modèles des lettres* ». On distingue alors trois grandes voies de segmentations :

    ✓ *segmentation explicite* : segmentation sur des critères topologiques (Figure 2a)

    ✓ *segmentation implicite* : *segmentation d'après les modèles de lettres (Figure 2b)*

    ✓ *sans segmentation* : *détection de la présence d'une lettre (Figure 2c)*

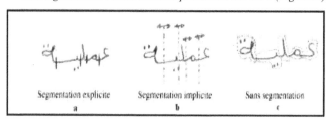

Figure 2 : Exemples de Segmentations [A. Belaïd 2002].

a. Segmentation explicite

L'avantage de cette segmentation c'est que l'information est localisée explicitement et ça va dans le sens de Sayre puisque on sépare les lettres non pas d'après leur reconnaissance, mais d'après des critères topologiques ou morphologiques.

Le défaut majeur de cette segmentation vient en premier lieu de choix des limites indépendant des critères des modèles : les limites sous-optimales pour les modèles et modélisation sous-optimale. En deuxième lieu il n'existe pas de méthode de segmentation fiable à 100% et pour toute erreur de segmentation pénalise le système dès la base.

La segmentation explicite n'est pas *parfaite* pour un système de reconnaissance des mots manuscrite **[A. Belaïd 2002]**.

b. Segmentation implicite

L'avantage de cette segmentation c'est que l'information est localisée par les modèles des lettres et la validation se fait par ses modèles. Il n'y aura pas d'erreur de segmentation et enfin on contourne le dilemme de Sayre car en connaissant les lettres, on n'engendre pas d'erreur de segmentation.

Les défauts de cette segmentation viennent du fait que l'espace de recherche des limites se trouve très augmenté et le problème est ramené à un problème de recherche de zones où se trouvent ces limites, reposant le problème de Sayre sur les zones.

Cette segmentation présente des avantages et des inconvénients ce qui fait que cette approche est insuffisante pour une modélisation optimale de l'écriture **[Belaïd A. 2002]**.

c. Sans segmentation

Les avantages de cette segmentation c'est qu'elle résout tous les problèmes d'optimalité cités, elles ne délimitent pas les lettres, elles ont une vision globale des mots, et donc écartent la sous-optimalité de la segmentation.

Les principaux défauts c'est qu'elle pose le problème de l'optimalité de l'apprentissage des lettres : c'est-à-dire comment apprendre correctement sans délimiter correctement, cela repousse le problème d'optimalité au niveau de l'apprentissage.

Cette approche reste la seule approche optimale vis-à-vis des mots elle nécessite cependant un apprentissage adéquat pour conserver l'optimalité : l'effort portera sur ce point **[Belaïd A., 2002]**.

3. Problèmes liés à l'OCR

La tâche de l'OCR n'est pas aisée, La figure n°3 nous montre un schéma général d'un système de reconnaissance de caractères. Des divers problèmes compliquent le processus de reconnaissance, parmi lesquels on peut citer **[Al-Badr 1995]**, **[Ben Amara N. 1999]**:

✓ La qualité du document : un document télécopié ou photocopié plusieurs fois est plus difficile à traiter que la copie originale. L'écriture peut devenir plus mince ou au contraire plus épaisse, dégradée avec des parties du texte qui manquent ou de tâches qui apparaissent, des ouvertures ou des bouchages de boucles …

✓ L'impression : un document composé est de meilleure qualité qu'un document dactylographié qui, à son tour, est plus clair qu'un texte issu d'une imprimante matricielle. Une imprimante à jet d'encre peut introduire des tâches d'encre et un étalement des caractères, une imprimante laser peut générer des lignes ou des fonds …

✓ La discrimination de la forme : selon le style de la fonte utilisée, son corps et sa graisse…, le caractère change de graphisme. Le nombre de formes est d'autant plus important que le nombre de styles d'écriture est élevé. De plus, plusieurs caractères présentent une forte ressemblance tels que :

  – pour l'arabe : ه et ص, د et ر, م et و

  – pour le Latin : U et V , O et 0, S et 5, Z et 2 .

✓ Le support de l'information, tel que le papier, joue également sur les performances de la reconnaissance par sa qualité : son grammage, sa granulation et sa couleur.

✓ L'acquisition : la numérisation en temps réel introduit souvent des distorsions dans l'image. Dans le cas hors-ligne la qualité du texte numérisé est un compromis entre les variations de la position (inclinaison, translation, rétrécissement…), la propreté de la vitre du dispositif de numérisation et sa résolution.

14

✓ Les variations des dimensions : un « pitch » de 10, 12 ou de 16 … (10, 12 ou 16 cpi (character per inch)). Un pitch de 10 implique des caractères plus grands aussi bien en largeur qu'en hauteur que ceux d'un pitch de 12.

En plus de ces problèmes un système OCR devrait être capable de distinguer entre un texte et une figure, de reconnaître les caractères ligaturés et d'être indépendant des variations de l'espace aussi bien inter-mots que de l'interligne.

Les problèmes posés par la reconnaissance optique de l'écriture manuscrite, sont plus complexes que ceux liés à l'écriture imprimée. Les erreurs de lecture dans le cas du manuscrit sont dues aux variations infinies de l'écriture de nature aléatoire qui dépendent de facteurs particuliers du scripteur et des conditions de l'écriture.

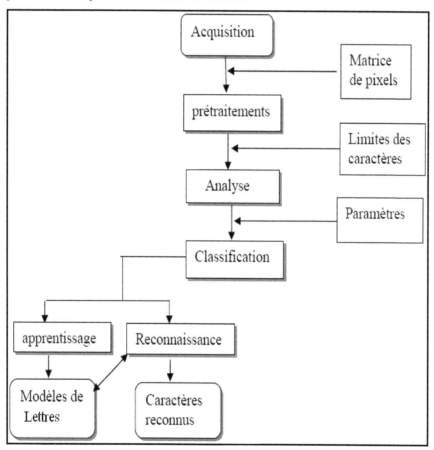

Figure 3 : Schéma général d'un système de reconnaissance de caractères.

4. Processus de reconnaissance

Un système de reconnaissance fait appel généralement aux étapes suivantes : acquisition, prétraitements, segmentation, extraction des caractéristiques, classification, suivis éventuellement d'une phase de post-traitement.

4.1. Phase d'acquisition

L'acquisition permettant la conversion du document papier sous la forme d'une image numérique (bitmap). Cette étape est importante car elle se préoccupe de la préparation des documents à saisir, du choix et du paramétrage du matériel de saisie (scanner), ainsi que du format de stockage des images.

La numérisation du document est opérée par balayage optique. Le résultat est rangé dans un fichier de points, appelés pixels, dont la taille dépend de la résolution **[Belaïd A. 1995]**. La Figure 4 montre différents niveaux de résolution utilisés pour le même document. On peut remarquer la dégradation occasionnée par 75 ppp, l'insuffisance des 300 ppp pour le graphique, et l'inutilité des 1200 ppp pour l'ensemble.

La technicité des matériels d'acquisition (scanner) a fait progrès ces dernières années. On trouve aujourd'hui des scanners pour des documents de différents types (feuilles, revues, livres, photos, etc.). Leur champ d'application va du *"scan"* de textes au *"scan"* de photos en 16 millions de couleurs (et même plus pour certains). La résolution par défaut est de l'ordre de 300 à 1200 ppp selon les modèles.

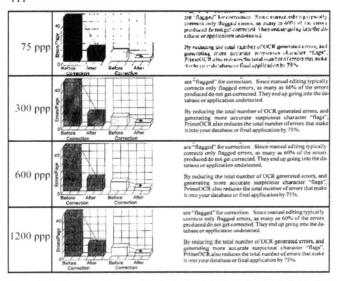

Figure 4 : Différents niveaux de résolution [A. Belaïd et Y. Belaïd 1992]

4.2. Phase de prétraitement

Le prétraitement consiste à préparer les données issues du capteur à la phase suivante. Il s'agit essentiellement de réduire le bruit superposé aux données et essayer de ne garder que l'information significative de la forme représentée. Le bruit peut être dû aux conditions d'acquisition (éclairage, mise incorrecte du document, …) ou encore à la qualité du document d'origine.

Parmi les opérations de prétraitement généralement utilisées on peut citer : l'extraction des composantes connexes, le redressement de l'écriture, le lissage, la normalisation et la squelettisation (figure 5).

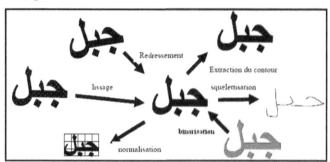

Figure 5 : effets de certaines opérations de prétraitement.

a. La binarisation

La binarisation c'est le passage d'une image en couleur ou définie par plusieurs niveaux de gris en image bitonale (composée de deux valeurs 0 et 1) qui permet une classification entre le fond (image du support papier en blanc) et la forme (traits des gravures et des caractères en noir).

Pour des images de niveaux de gris, on peut trouver dans **[O. D. Trier & T. Taxt 1995]** une liste des méthodes de binarisation, proposant des seuils adaptatifs (ex. s'adaptant à la différence de distribution des niveaux de gris). **[Y. Liu & S. Srihari 1997]** proposent une solution pour les images d'adresses postales. La recherche du seuil passe par plusieurs étapes : binarisation préliminaire basée sur une distribution de mixture multimodale, analyse de la texture à l'aide d'histogrammes de longueurs de traits, et sélection du seuil à partir d'un arbre de décision.

Figure 6 : Exemple de Binarisation adaptative [H. Emptoz & F. Lebougoies 2003]

b. Extraction de composantes connexes

Une composante connexe (CXX) est un ensemble de points dans le plan. Elle peut correspondre à un point diacritique, un accent, au corps d'un caractère ou d'une chaîne de caractères… Une fois localisés les CXX sont regroupées pour former les mots. Cette technique est utilisée pour le repérage des points diacritiques dans les images de textes arabes **[N. Ben Amara 1999]**.

c. Redressement de l'écriture

L'un des problèmes rencontrés en OCR est l'inclinaison des lignes du texte, qui introduit des difficultés pour la segmentation. L'inclinaison peut provenir de la saisie, si le document a été placé en biais, ou être intrinsèque au texte. Il convient alors de le redresser afin de retrouver la structure de lignes horizontales d'une image texte. Si α est l'angle d'inclinaison, pour redresser l'image, une rotation isométrique d'angle $-\alpha$ est opérée grâce à la transformation linéaire suivante **[Steinherz 1999]** :

$$\begin{cases} x' = x \cos \alpha + y \sin \alpha \\ y' = y \cos \alpha + x \sin \alpha \end{cases}$$

d. Lissage

L'image des caractères peut être entachées de bruits dus aux artefacts de l'acquisition et à la qualité du document, conduisant soit à une absence de points ou à une surcharge de points. Les techniques de lissage permettent de résoudre ces problèmes par des opérations locales qu'on appelle opérations de bouchage et de nettoyage **[Burrow 2004]**.

L'opération de nettoyage permet de supprimer les petites tâches et les excroissances de la forme. Pour le bouchage il s'agit d'égaliser les contours et de boucher les trous internes à la forme du caractère en lui ajoutant des points noirs.

Plusieurs autres techniques similaires sont utilisées dont la méthode statistique, une méthode basée sur la morphologie mathématique **[N. Ben Amara 1999]**.

e. Normalisation

Après la normalisation de la taille, les images de tous les caractères se retrouvent définies dans une matrice de même taille, Pour faciliter les traitements ultérieurs (Figure n° 7).

Le principe de la normalisation est d'essayer de normaliser localement différentes parties du mot, de manière à augmenter la ressemblance d'une image à une autre.

Cette opération introduit généralement de légères déformations sur les images. Cependant certains traits caractéristiques tels que la hampe dans les caractères (ﻁ ﻅ ﻝ ﺍ par exemple) peuvent être éliminées à la suite de la normalisation, ce qui peut entraîner à des confusions entre certains caractères **[Steinherz 1999]**.

18

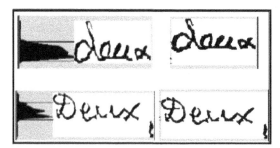

Figure 7 : Exemple de normalisation de mots manuscrits [A. Belaïd 2002].

f. Squelettisation

Le but de cette technique est de simplifier l'image du caractère en une image à « ligne » plus facile à traiter en la réduisant au tracé du caractère. Les algorithmes de squelettisation se basent sur des méthodes itératives. Le processus s'effectue par passes successives pour déterminer si un tel ou tel pixel est essentiel pour le garder ou non dans le tracé [**Steinherz 1999**].

La squelettisation des caractères arabes peut induire en erreur : deux points diacritiques sont souvent confondus avec un seul [**N. Ben Amara 1999**].

4.3. Phase de segmentation

Dans cette phase les différentes parties logiques d'une image sont extraites. A partir d'une image acquise il y'a d'abord séparation des blocs de texte et des blocs graphiques, puis à partir d'un bloc de texte il y'a extraction des lignes, ensuite à partir de ces lignes sont extraits les mot puis les caractères (ou parties du caractère) [**Al-Badr 1995**].

4.4. Phase d'extraction des caractéristiques

C'est l'une des étapes les plus délicates et les plus importantes en OCR. La reconnaissance d'un caractère passe d'abord par l'analyse de sa forme et l'extraction de ses traits caractéristiques (primitives) qui seront exploités pour son identification.

Les types de caractéristiques peuvent être classés en quatre groupes principaux : caractéristiques structurelles, caractéristiques statistiques, transformations globales, et superposition des modèles et corrélation [**Kermi 1999**] [**Al-Badr 1995**].

a. Caractéristiques structurelles :

Les caractéristiques structurelles décrivent une forme en terme de sa topologie et sa géométrie en donnant ses propriétés globales et locales. Parmi ces caractéristiques on peut citer [**Kermi 1999**]:

✓ Les traits et les anses dans les différentes directions ainsi que leurs tailles.
✓ Les points terminaux.
✓ Les points d'intersections.
✓ Les boucles.

19

✓ Le nombre de points diacritiques et leur position par rapport à la ligne de base.

✓ Les voyellations et les zigzags (hamza).

✓ La hauteur et la largeur du caractère.

✓ La catégorie de la forme (partie primaire ou point diacritique, etc).

✓ Plusieurs autres caractéristiques peuvent être tirés, suivant qu'ils soient extraits d'une courbe, un trait ou un segment de contour.

b. Les caractéristiques statistiques :

Les caractéristiques statistiques décrivent une forme en terme d'un ensemble de mesures extraites à partir de cette forme. Les caractéristiques utilisés pour la reconnaissances de textes arabes sont : le zonage (zonning), les caractéristiques de lieu géométrique (Loci) et les moment **[Kermi 1999]**.

✓ Le zonage consiste à superposer une grille n×m sur l'image du caractère et pour chacune des régions résultantes, calculer la moyenne ou le pourcentage de points en niveaux de gris, donnant ainsi un vecteur de taille n×m de caractéristiques.

✓ La méthode Loci est basée sur le calcul du nombre de segments blancs et de segments noirs le long d'une ligne verticale traversant la forme, ainsi que leurs longueurs **[Al-Badr 1995]**.

✓ La méthode des moments : les moments d'une forme par rapport à son centre de gravité sont invariants par rapport à la translation et peuvent être invariants par rapport à la rotation **[Al-Badr 1994]**. Ils sont aussi indépendants de l'échelle. Ces caractéristiques peuvent être facilement et rapidement extraites d'une image de texte, ils peuvent tolérer modérément les bruits et les variations **[Tsang 2000]**.

c. Les transformations globales :

La transformation consiste à convertir la représentation en pixels en une représentation plus abstraite pour réduire la dimension des caractères, tout en conservant le maximum d'informations sur la forme à reconnaître.

Une des transformations les plus simples est celle qui représente le squelette ou le contour d'un caractère sous forme d'une chaîne de codes de directions **[Al-Badr 1995]**. La chaîne de code obtenue est souvent simplifiée pour réduire les redondances et les changements brusques de direction.

d. Superposition des modèles (template matching) et corrélation :

La méthode de 'template matching' appliquée à une image binaire (en niveaux de gris ou squelettes), consiste à utiliser l'image de la forme comme vecteur de caractéristiques pour être comparé à un modèle (template) pixel par pixel dans la phase de reconnaissance, et une mesure de similarité est calculée **[Kermi 1999]**.

4.5. Phase de classification

La classification dans un système OCR regroupe deux tâches : l'apprentissage et la reconnaissance et décision. A cette étape les caractéristiques de l'étape précédente sont utilisées pour identifier un segment de texte et l'attribuer à un modèle de référence [**Kermi 1999**].

a. L'apprentissage

Il s'agit lors de cette étape d'apprendre au système les propriétés pertinentes du vocabulaire utilisé et de l'organiser en modèles de références.

L'idéal serait d'apprendre au système autant d'échantillons que de formes d'écritures différentes, mais cela est impossible à cause de la grande variabilité de l'écriture qui conduirait à une explosion combinatoire de modèles de représentation. La tendance consiste alors à remplacer le nombre par une meilleure qualité des traits caractéristiques [**N. Ben Amara 1999**], [**Al-Badr 1995**]. L'apprentissage consiste en deux concepts différents : l'entraînement et l'adaptation. L'entraînement consiste à enseigner au système la description des caractères tandis que l'adaptation sert à améliorer les performances du système en profitant des expériences précédentes. Certains systèmes permettent à l'utilisateur d'identifier un caractère lorsqu'ils échouent à le reconnaître et ils utilisent l'entrée de l'utilisateur à chaque fois que le caractère est rencontré [**Al-Badr 1995**].

Les procédés d'apprentissage sont différents selon qu'il s'agisse de reconnaissance de caractères imprimés ou manuscrits ou de reconnaître des textes monofonte ou multifonte. D'une manière générale, on distingue deux types de techniques d'apprentissage : supervisé et non supervisé.

✓ L'apprentissage est dit *supervisé* s'il est guidé par un superviseur appelé professeur. Il est réalisé lors d'une étape préliminaire de reconnaissance en introduisant un grand nombre d'échantillons de référence. Le professeur indique dans ce cas le nom de chaque échantillon. Le choix des caractères de référence est fait à la main en fonction de l'application. Le nombre d'échantillons peut varier de quelques unités à quelques dizaines, voir même quelques centaines par caractère [**N. Ben Amara 1999**], [**Kermi 1999**].

✓ L'apprentissage *non supervisé* ou sans professeur consiste à doter le système d'un mécanisme automatique qui s'appuie sur des règles précises de regroupement pour trouver les classes de référence avec une assistance minimale. Dans ce cas les échantillons sont introduits en un grand nombre par l'utilisateur sans indiquer leur classe [**N. Ben Amara 1999**].

b. Reconnaissance et décision

La décision est l'ultime étape de reconnaissance. A partir de la description en paramètres du caractère traité, le module de reconnaissance cherche parmi les modèles de référence en présence, ceux qui lui sont les plus proches.

La reconnaissance peut conduire à un *succès* si la réponse est unique (un seul modèle répond à la description de la forme du caractère). Elle peut conduire à une *confusion* si la réponse est multiple (plusieurs modèles correspondent à la description). Enfin elle peut conduire à un *rejet* de la forme si aucun modèle ne correspond à sa description. Dans les deux premiers cas, la décision peut être accompagnée d'une *mesure de vraisemblance*, appelée aussi *score* ou *taux de reconnaissance* [**N. Ben Amara 1999**].

Les approches de reconnaissance peuvent être regroupées en trois groupes principaux: l'approche statistique, l'approche structurelle, et l'approche stochastique.

i. Approche statistique

Elle est fondée sur l'étude statistique des mesures que l'on effectue sur les formes à reconnaître. L'étude de leur répartition dans un espace métrique et la caractérisation statistique des classes, permettent de prendre une décision de reconnaissance du type « plus forte probabilité d'appartenance à une classe » [**N. Ben Amara 1999**].

Les approches statistiques bénéficient des méthodes d'apprentissage automatique qui s'appuient sur des bases théoriques fondées, telles que la théorie de la décision bayésienne, les méthodes de classification non supervisées … En reconnaissance, le problème revient à affecter une forme inconnue à l'une des classes obtenues pendant l'apprentissage [**Al-Badr 1995**].

Nous pouvons citer trois méthodes statistiques parmi celles les plus couramment utilisées :

✓ *L'approche bayésienne*

L'approche bayésienne consiste à choisir parmi un ensemble de caractères, celui pour lequel la suite de primitives extraites a la plus forte probabilité à posteriori par rapport aux caractères préalablement appris [**Anigbogu 1992**].

✓ *La méthode du plus proche voisin*

L'algorithme KNN (K Nearest Neighbors) affecte une forme inconnue à la classe de son plus proche voisin en la comparant aux formes stockées dans une classe de références nommée prototypes. Il renvoie les K formes les plus proches de la forme à reconnaître suivant un critère de similarité. Une stratégie de décision permet d'affecter des valeurs de confiance à chacune des classes en compétition et d'attribuer la classe la plus vraisemblable (au sens de la métrique choisie) à la forme inconnue [**N. Ben Amara 1999 , Burrow 2004**].

Cette méthode présente l'avantage d'être facile à mettre en oeuvre et fournit de bons résultats. Son principal inconvénient est lié à la faible vitesse de classification due au nombre important de distances à calculer.

✓ *Les réseaux de neurones*

Un réseau de neurones est un graphe orienté pondéré. Les noeuds de ce graphe sont des automates simples appelés neurones formels. Les neurones sont dotés d'un état interne, l'activation, par lequel ils influencent les autres neurones du réseau. Cette activité se propage dans le graphe le long d'arcs pondérés appelés liens synaptiques [**Amat 1996**].

En OCR, les primitives extraites sur une image d'un caractère (ou de l'entité choisie) constituent les entrées du réseau. La sortie activée du réseau correspond au caractère reconnu. Le choix de l'architecture du réseau est un compromis entre la complexité des calculs et le taux de reconnaissance [**souici 1997**].

Par ailleurs, le point fort des réseaux de neurones réside dans leur capacité de générer une région de décision de forme quelconque, requise par un algorithme de classification, au prix de l'intégration de couches de cellules supplémentaires dans le réseau [**Lippman 1987**].

✓ *Modèle Markovien caché (H.M.M)*

- C'est une méthode probabiliste qui consiste en un ensemble d'états et les probabilités de transition entre ces états. En plus des observations faites par le système sur une image. Ces dernières sont représentées par des variables aléatoires, dont la distribution dépend de l'état. Elles constituent une représentation séquentielle des caractéristiques de l'image d'entrée [**N. Ben Amara 1996, 1999, 2000**] et [**Miled 2001**].

ii. Approche structurelle

Les méthodes structurelles reposent sur la structure physique des caractères. Elles cherchent à trouver des éléments simples ou primitives, et à décrire leurs relations. Les primitives sont de type topologiques telles que : une boucle, un arc... et une relation peut être la position relative d'une primitive par rapport à une autre [**Anigbogu 1992**], [**Ha 1996**]. Parmi les méthodes structurelles nous pouvons citer :

✓ *Les méthodes de tests*

Elles consistent à appliquer sur chaque caractère traité des tests de plus en plus fins sur la présence ou l'absence de primitives, de manière à répartir les échantillons en classes. Le processus le plus habituel consiste à diviser à chaque test l'ensemble des choix en deux jusqu'à n'obtenir qu'une seule forme correspondant au caractère entré. Ce choix dichotomique est très rapide et très simple à mettre en oeuvre, mais il est très sensible aux variations du tracé [**N. Ben Amara 1999**].

✓ *La comparaison de chaînes*

Les caractères sont représentés par des chaînes de primitives. La comparaison du caractère traité avec le modèle de référence, consiste à mesurer la ressemblance entre les deux chaînes et à se prononcer sur celui-ci. La mesure de ressemblance peut se faire par calcul de distance ou par examen de l'inclusion de toute ou une partie d'une chaîne dans l'autre [**N. Ben Amara 1999**].

iii. Approche stochastique

Contrairement aux méthodes précédemment décrites, l'approche stochastique utilise un modèle pour la reconnaissance, prenant en compte la grande variabilité de la forme. La distance communément utilisée dans les techniques de « comparaison dynamique » est remplacée par des probabilités calculées de manière plus fine par apprentissage. La forme est considérée comme un signal continu observable dans le temps à différents endroits constituant des états « d'observations ». Le modèle décrit ces états à l'aide de probabilités de transitions d'états et de probabilités d'observation par état. La comparaison consiste à chercher dans ce graphe d'états, le chemin de probabilité forte correspondant à une suite d'éléments observés dans la chaîne d'entrée. [**N. Ben Amara 1999**]. Ces méthodes sont robustes et fiables du fait de l'existence d'algorithmes d'apprentissage efficaces [**Seymore 1999**]. Si l'apprentissage est lent, la reconnaissance est par contre très rapide car les modèles comprennent généralement peu d'états et le calcul est relativement immédiat. Les méthodes les plus répondues dans cette approche sont les méthodes utilisant les modèles de Markov cachés (HMM).

4.6. Phase de Post-Traitement

Le post-traitement est effectué quand le processus de reconnaissance aboutit à la génération d'une liste de lettres ou de mots possibles, éventuellement classés par ordre décroissant de vraisemblance. Le but principal est d'améliorer le taux de reconnaissance en faisant des corrections orthographiques ou morphologiques à l'aide de dictionnaires. Quand il s'agit de la reconnaissance de phrases entières, on fait intervenir des contraintes de niveaux successifs : lexical, syntaxique ou sémantique.

Le post-traitement se charge également de vérifier si la réponse est correcte (même si elle est unique) en se basant sur d'autres informations non disponibles au classifieur.

5. Quelques systèmes de reconnaissance d'écriture arabe (AOCR)

Plusieurs chercheurs ont mené plusieurs travaux afin de proposer des systèmes d'AOCR. Voici dans ce qui suit un tableau récapitulatif précisant les caractéristiques et les performances de certains systèmes AOCR [**N. Ben Amara 2003**].

Référence	Système	Approche	Segmentation	Primitives	Classification	Performance
[Abdelazim 89]	Hors-ligne, imprimé MF	Analytique	Externe	Structurelles Statistiques	Structurelle / Statistique/arbre de décision	RC 99%
[Abdelazim 90]	Hors-ligne, imprimé	Analytique	Externe	Dimensions du graphème	Preclassification / mise en correspondance /reconstruction	RC 96%
[Abuhaiba 95]	Hors-ligne, manuscrit	Analytique	Externe	Structurelles	Transformation Off-line /on-line	-
[Al-badr 95b]	Hors-ligne, imprimé	Globale	-	Structurelles	Mise en correspondance spatiale de modèles de primitives	RM 73.13-99.39%
[Al-imami 90]	En-ligne, PAWs	Analytique	Externe	Structurelles	Arbre de décision	RM 86-100%
[Aissaoui 94]	Hors-ligne, manuscrit	Analytique	Externe	Structurelles	Structurelle	-
[Aissaoui 96]	Hors-ligne, MF	Analytique	Externe	Statistiques	Réseaux de neurones	RC 64 – 100%
[Aissaoui 97]	Hors-ligne, MF	Analytique	Externe	Statistiques	Distance quadratique	RC 87.87 – 95.24%
[Alimi 94,95]	En-ligne, caractères isolés	-	-	Chaînes de codes	Programmation dynamique	RC 95%
[Almuallim 87]	Hors-ligne, manuscrit mot	Analytique	Externe	Statistiques	Syntaxique/ Distance	RC 91%

Tableau n°1 : Tableau récapitulatif précisant les caractéristiques et les performances de certains systèmes AOCR[N. Ben Amara 2003]

RC : Taux de reconnaissance caractère, RM : Taux de reconnaissance mot, SC : taux de segmentation de caractères, MF : Multifonte, MS : Multiscripteur

Référence	Système	Approche	Segmentation	Primitives	Classification	Performance
[Al-yousefi 92]	Hors-ligne, manuscrit.	Analytique	Externe	moments	Classifieur bayesien.	RC 99,5 %
[Ameur 93]	Hors-ligne, manuscrit MS	Analytique	Externe	structurelles	Arbre de décision	SC 98.9 % RC 83 %
[Ameur 94]	Hors-ligne, manuscrit	Globale	-	Structurelles	Dictionnaire	-
[Ameur 97]	Hors-ligne, manuscrit	Analytique	Externe	Structurelles/ statistiques	KNN	RC 82.5 %
[Amin 89]	Hors-ligne, MF	Analytique	Externe	Chaîne de codes	Arbre de décision	RC 90 %
[Amin 96]	Hors-ligne, caractères MS	-	-	Structurelles	Réseaux de neurones	RC 90-92 %
[Amin 97]	Hors-ligne, mots	Globale	-	Structurelles	Réseaux de neurones	RC 98%
[Azmi 01]	Hors-ligne, Perse	Analytique	Externe	-	-	SC 93-98.9 %
[Ben amara 95]	Hors-ligne	Analytique	Externe	geometriques	-	SC 99-100 %
[Bouslama 97]	Hors-ligne, caractères isolés	-	-	Structurelles/ variables linguistiques	Logique floue	RC 100 %
[Bouslama 99]	Hors-ligne, caractères isolés	Analytique	Externe	Fuzzy linguistiques	Logique floue	RC 100%
[El-Dabi 90]	Hors-ligne, imprimé	Analytique	Interne-SWS	Moments	Table de correspondance	RC 94 %

Tableau n°1 : Tableau récapitulatif précisant les caractéristiques et les performances de certains systèmes AOCR [N. Ben Amara 2003] (Suite)
RC : Taux de reconnaissance caractère, RM : Taux de reconnaissance mot, SC : taux de segmentation de caractères, MF : Multifonte, MS : Multiscripteur

Référence	Système	Approche	Segmentation	Primitives	Classification	Performance
[Igammal 01]	Hors-ligne, imprimé	Analytique	Externe	-	Grammaire régulière	RC 93.4 %
[El-Khaly 90]	Hors-ligne, imprimé	Analytique	Externe	moments	Distance	RC 95-100 %
[El-Sheikh 88]	Hors-ligne, imprimé	Analytique	Externe	Descripteurs de Fourier	Classifieur topologique	RC 99 %
[El-Sheikh 90]	En-ligne, caractères isolés	-	-	Structurelles	Arbre « handcrafted »	RC 99.6 %
[Fehri 94]	Hors-ligne, MF	Analytique	Interne	Structurelles/ statistiques	Programmation dynamique	RC 98 %
[Fehri 98]	Hors-ligne, manuscrit	Analytique	Externe	Structurelles	Réseaux de neurones/ HMM	-
[Gillies 99]	Hors-ligne, imprimé	Analytique	Externe	Structurelles	Réseaux de neurones	RC 89-93.1 %
[Goraine 94]	Hors-ligne, imprimé	Analytique	Externe	Chaîne de codes	Struct./ Mesure géom./ contexte	RC 95.87 %
[Haj-Hassan 91]	Hors-ligne, imprimé	-	Externe	Structurelles	Syntaxique	RC 99 %
[Hassibi 94]	Hors-ligne, imprimé	Analytique	Interne	Structurelles	Réseaux de neurones	RC 99 %
[Jambi 93]	Hors-ligne, manuscrit	Analytique	Externe	Structurelles	Dictionnaire	SC 95 %
[Kurdy 93]	Hors-ligne, imprimé, MF	Analytique	Externe	Structurelles	Morphologie mathématique	RC 98 %

Tableau n°1 : Tableau récapitulatif précisant les caractéristiques et les performances de certains systèmes AOCR [N. Ben Amara 2003] (Suite)

RC : Taux de reconnaissance caractère, RM : Taux de reconnaissance mot, SC : taux de segmentation mot, SC : taux de segmentation de caractères, MF : Multifonte, MS : Multiscripteur

Référence	Système	Approche	Segmentation	Primitives	Classification	Performance
[Mahjoub 96]	En-ligne, Caractères isolés	-	-	Statistiques	HMMs	RC 98.1 %
[Mahjoub 98]	En-ligne. MS	Globale	-	statistiques	DHMMs & NSHMMs	RC 90-93.5 % 1S RC 86-90 % MS
[Miled 96]	Hors-ligne. Manuscrit	Analytique	Externe	Structurelles	-	SC 98.52 %
[Miled 98]	Hors-ligne. Manuscrit	Analytique	Externe	Topologiques/ statistiques	HMMs	RC 79.5-82.5 %
[Mitiche 97]	Hors-ligne. Imprimé MF	Analytique	Externe	Structurelles	Distance	RC 90 %
[Motawa 97]	Hors-ligne, manuscrit	Analytique	Externe	Structurelles	Morphologie mathématique	SC 81.88 %
[Olivier 96]	Hors-ligne, Manuscrit Ms	Analytique	Externe	Chaîne de codes	-	SC 97.41 %
[Souici 97]	Hors-ligne, manuscrit	Analytique	Externe	Statistiques/ Structurelles	Réseaux de neurones	RC 76.17-85.75%
[Trenkel 97,01]	Hors-ligne. imprimé	Analytique	Externe	Chaîne de codes	Rés. Neurones/ arbres	RC R.N 89.06% RC AR 90.68%
[Zahour 91]	Hors-ligne. manuscrit	Analytique	Externe	Structurelles	Dictionnaire	RC 86 %
[Zahour 98]	Hors-ligne, manuscrit	Analytique	Externe	Structurelles	Mise en correspondance	RC 87 %

Tableau n°1 : Tableau récapitulatif précisant les caractéristiques et les performances de certains systèmes AOCR [N. Ben Amara 2003] (Suite)
RC : Taux de reconnaissance caractère, RM : Taux de reconnaissance mot, SC : taux de reconnaissance mot, SC : taux de segmentation de caractères, MF : Multifonte, MS : Multiscripteur

Référence	Système	Approche	Segmentation	Primitives	Classification	Performance
[Alaa 01]	Hors-ligne, manuscrit	Analytique	Externe	Structurelles	Réseaux de neurones	SC 69.72 %
[Burrow 04]	Manuscrit	Globale	-	KNN, moments	-	RC 94%
[Bushofa 97]	Hors-ligne, Imprimé	Analytique	Externe	-	-	SC 97.01 %
[Fahmy 01]	Hors-ligne, Manuscrit	Analytique	Externe	Géometriques	Réseaux de neurones	RC 69.7 %
[Hachour 04]	Imprimé, caract. isolés	Analytique	Externe	Morphologiques/ statistiques	Logique floue	-
[Kandil 04]	Hors-ligne, imprimé	Analytique	Externe	-	-	-
[Kavianifar 99]	Hors-ligne, imprimé	Globale	-	Structurelles	-	-
[Masmoudi 02]	Hors-ligne, manuscrit	Analytique	Externe	-	PHMM	-
[Menhaj 02]	Hors-ligne, imprimé	Analytique	Externe	-	Réseaux de Neurones	SC 100%
[Nawaz 03]	Hors-ligne, imprimé	Analytique	Externe	Moments	Réseaux de Neurones	RC 76 %
[Sariaz 03]	Hors-ligne, impr	Analytique	Externe	Moments	Rés. Neurones	RC 73 %
[Sari 02]	Hors-ligne, Manuscrit	Analytique	Externe	-	-	SC 86 %

Tableau n°1 : Tableau récapitulatif précisant les caractéristiques et les performances de certains systèmes AOCR [N. Ben Amara 2003] (Suite)

RC : Taux de reconnaissance caractère, RM : Taux de reconnaissance mot, SC : taux de segmentation de caractères, MF : Multifonte, MS : Multiscripteur

6. Conclusion

Nous avons présenté dans ce chapitre, avec une vision introductive, les différents concepts qui touchent à l'analyse des documents ainsi que les approches adoptées pour la reconnaissance de l'écriture manuscrite hors-ligne. Enfin nous avons proposé un tableau comparatif des différents systèmes qui traitent la reconnaissance d'écriture manuscrite arabe.

Dans le prochain chapitre, nous allons décrire notre propre méthode de reconnaissance d'écriture manuscrite arabe hors-ligne tout en passant par les différents appuis théoriques.

Chapitre 2

Méthode Proposée

Objectifs du chapitre

Nous proposons dans ce chapitre une méthode de reconnaissance automatique des mots manuscrites multi-scripteurs écrit en langue arabe basée sur une approche analytique sans segmentation. Nous décrivons les limites des méthodes existantes, nous présenterons l'architecture globale du système et nous détaillons ces différentes composantes.

1. Limite des méthodes existantes

1.1. Modèle de Markov Cachés (Hidden Markov Model)

1.1.1. Mise en ouvre des Modèles de Markov Cachés

L'utilisation des HMMs en reconnaissance automatique de l'écriture a permis d'obtenir des résultats intéressants pour certaines applications grâce à leur capacité d'intégration du contexte et d'absorption du bruit. Les différents travaux réalisés reposent pour une grande part sur l'expérience accumulée dans le domaine de la reconnaissance de la parole où les HMMs sont fréquemment utilisés. Comparés à d'autres approches de reconnaissance (structurelle, géométrique, etc.), les HMMs se distinguent par leur capacité de modéliser efficacement différentes sources de connaissance. En effet, d'une part ils offrent une intégration cohérente de différents niveaux de modélisation (morphologique, lexicale et syntaxique).

1.1.2. Expérimentation et limites sur l'écriture arabe

L'application des HMMs à la reconnaissance de l'écriture se ramène généralement à la transformation de la forme en primitives judicieusement choisies, traduisant les formes initiales en un signal unidimensionnel composé d'une suite d'observations destinée à être traitée par un modèle de Markov. Ainsi le problème d'analyse d'images se ramène à un problème d'analyse d'une chaîne d'observations.

Dans le cas des applications HMMs, elles sont relativement limitées pour la reconnaissance de l'écriture arabe, aussi bien imprimée que manuscrit (en-ligne et hors-ligne).

Des modèles généralement unidimensionnels ont servi pour la reconnaissance, sans arriver à la résolution de problème de segmentation des mots arabe ainsi la résolution des problèmes liés aux élongations des ligatures[1] horizontales qu'à la présence des ligatures verticales.

Par ailleurs, l'écriture arabe semi-cursive, aussi bien dans sa forme imprimée que manuscrite, se prête naturellement à une modélisation stochastique[2], en l'occurrence markovienne, à tous les niveaux de reconnaissance.

En effet, les lettres étant ligaturées à la ligne de base, sont régies par un contexte lexical des mots de la langue, se traduisant par des probabilités d'apparition et de succession dans des mots. Cependant, l'utilisation des HMMs en reconnaissance de l'écriture manuscrite arabe est relativement inadéquate. De différentes architectures, pour la majorité des applications reflètent des problèmes de traitement des graphèmes, des pseudo-mots ou encore à des mots, montrant l'insuffisance des modèles markoviens à décrire l'écriture manuscrite arabe et à résoudre certains problèmes tel que la segmentation.

---

[1] Ligature : incluant plusieurs lettres.
[2] Stochastique : aléatoire, régi par le hasard (soutenu) MATHEMATIQUES qui implique la présence d'une variable aléatoire, calcul des probabilités appliqué aux statistiques

1.2. Réseaux de Neurones

1.2.1. Mise en ouvre des Réseaux de Neurones

Le principe de fonctionnement de réseau de neurone se base sur un modèle neuronique former d'un grand membre de cellules élémentaires appelée « neurone » son fonctionnement est fondé sur celui d'un automate proposé comme une approximation de fonctionnement de neurones biologique. Il convient pour les données linéairement séparables.

1.2.2. Expérimentation et limites sur l'écriture arabe

✔ La capacité de classification de réseau de neurone est très fortement limitée.

✔ Reconnaître les caractères isolés ainsi un meilleur résultat sur les chiffres qui n'est pas le cas pour l'écriture manuscrite arabe qui se compose d'un grand nombre d'allographes et de graphèmes.

✔ La reconnaissance via réseau de neurone dépend fortement de qualité de segmentation se qui reflète un problème au niveau de manuscrite arabe vue la présence d'un nombre important de pseudo mots au niveau d'un mot.

1.3. Caractéristiques morphologiques de l'écriture Arabe

L'écriture arabe est semi-cursive dans sa forme imprimée ainsi que manuscrite. Les caractères d'une même chaîne (ou pseudo-mots) sont ligaturés horizontalement et parfois verticalement (dans certaines fontes deux, trois et même quatre caractères peuvent être ligaturés verticalement), occultant ainsi toute tentative de segmentation en caractères. De plus, la forme d'un caractère diffère selon sa position dans les pseudo-mots et même dans certains cas, selon le contexte phonétique. En outre, plus de la moitié des caractères arabes incluent dans leur forme des points diacritiques[3]. Ces points peuvent se situer au-dessus ou au-dessous du caractère, mais jamais en haut et en bas simultanément. Plusieurs caractères peuvent avoir le même corps mais un nombre et /ou une position de points diacritiques différents. D'autre part, le caractère arabe présente une forme cursive voyellée nécessitant, pour la majorité des lettres, des matrices de dimensions importantes. Ceci laisse jusqu'à présent les formes informatisées des caractères arabes non encore normalisées.

Le mot arabe n'a pas de longueur fixe, il peut comprendre un ou plusieurs pseudo-mots incluant chacun un nombre souvent différent de caractères. L'étude de la morphologie des pseudo-mots montre que l'écriture arabe présente des variations dans des bandes horizontales plus ou moins complexes en fonction de la calligraphie des caractères contenus dans les

---

[3] Diacritiques: marque ajoutée à une lettre pour lui donner une valeur spéciale ou une prononciation particulière qui sert de critère distinctif de sens ou de prononciation.

pseudo-mots. La bande centrale est généralement la plus chargée au point de vue densité d'informations en pixels. Elle correspond aux lieux des ligatures horizontales, aux caractères centrés (sans extensions), aux boucles.

Par ailleurs, la cursivité de l'écriture arabe montre une complexité de la morphologie des caractères, les élongations des ligatures horizontales ainsi que les combinaisons verticales de certains caractères, constituent les problèmes majeurs liés au traitement de cette écriture surtout pour les pseudo-mots.

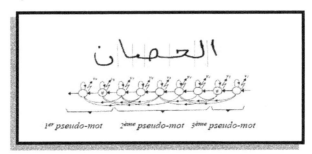

Figure 7 : Délimitation du pseudo-mot "الحصان"

En effet, ces problèmes engendrent une forte inertie à différents niveaux notamment dans :

✓ Le choix de primitives pertinentes décrivant la variabilité de la morphologie des caractères, sachant que certaines caractéristiques topologiques sont sensibles à la dégradation, notamment les points diacritiques et les boucles.

✓ La méthode de segmentation en caractères ou même en pseudo-mots (qui peuvent se chevaucher surtout dans le cas du manuscrit).

Tous ces problèmes et bien d'autres, se trouvent accentués dans le cas du manuscrit où d'autres facteurs interviennent (variabilité intra et inter-scripteurs, conditions de l'écriture, fusion de points diacritiques, chevauchement de pseudo-mots, graphismes inégalement proportionnés...).

Face à ces problèmes, la nécessité d'une modélisation robuste s'impose, les méthodes classiques de type statistique, structurel, neuronal, markoviens etc. étant peu efficaces pour prendre en considération toutes les variations morphologiques de l'arabe par suite il est nécessaire d'effectué un traitement par portion.

👉 Par suite nous allons utiliser une méthode de reconnaissance d'écriture manuscrite basée sur une approche analytique permettant de résoudre le problème de segmentation de mots « traitement par portion ».

2. Système proposé

2.1. Description générale

Le système de reconnaissance de mots manuscrits se base sur une approche analytique par partitionnement. La vue globale de cette approche est présentée sur la figure 8. On a en entrée une image d'une lettre manuscrite qui correspond à une lettre de l'alphabet arabe, cette dernière sera nettoyer par un processus de prétraitement qui comporte trois sous modules : un sous module de binarisation qui se charge de la conversion de l'image en une image bitonale, pour obtenir image nettoyée, ensuite nous allons passer cette même image à un autre sous module qui se charge de l'encadrement et de la sélection des cordonnées du mot dans l'image et enfin nous allons passer ce mot à un sous module de prétraitement qui se charge de la normalisation afin d'obtenir un mot adapté à une dimension fixée par le système. Cependant, l'image prétraitée va passer à un sous système d'apprentissage pour qu'elle puisse être traité, ce dernier se charge de la construction de la matrice de distribution sur une dimension de NxN, et d'enregistrer ces caractéristiques avec l'identité du scripteur sur une base de données d'apprentissage. Chaque lettre est représentée sur la base de données d'apprentissage sous quatre formes différentes (début, milieu, fin, isolée).

En ce qui concerne, le sous système de reconnaissance son objectif est la reconnaissance du mot : On a en entrée une image bruitée d'un mot manuscrit qui sera nettoyer par un processus de nettoyage comportant les mêmes modules cités ci-dessus, ensuite nous allons passer cette image à un autre sous module qui se charge de l'encadrement (détermine les cordonnées du mot dans l'image) et enfin l'image prétraitée sera envoyer pour le traitement.

Une fois que nous avons eu une image prétraitée, nous commençons par l'extraction des trames de tailles fixes du début jusqu'à la fin du mot de droite à gauche en tranchant de manière incrémentale une partie du mot ensuite nous allons faire une opération de normalisation de cette trame pour l'adapter à une dimension de 64*64 pixels et enfin nous allons construire la matrice de distribution qui va être comparer avec tous les graphèmes qui sont dans la base de données d'apprentissage. La comparaison se fait de manière efficace par exemple lorsqu'on est positionné au début du mot on fait la comparaison avec tous les modèles de toutes les graphèmes qui commencent au début afin de minimiser le temps de comparaison et d'éviter le parcours total de toute la base de données. Le processus de reconnaissance possède deux états : *non* dans le cas où on n'a pas abouti à une reconnaissance, cependant on revient à nouveau au processus d'acquisition d'une nouvelle trame. Mais dans le cas inverse (*oui*) où on a obtenu une reconnaissance (nous allons identifier le scripteur à partir de la première lettre reconnue et enfin nous ferons une modification sur la requête de sélection des graphèmes afin d'éviter le parcours total de toute la base de données), on vérifie si on a atteint la fin du mot, si s'est pas le cas on recommence le processus d'acquisition d'une nouvelle trame, alors dans le cas inverse on met fin au processus de traitement et on obtient en sortie le mot en solution. Ce dernier va passer au post-traitement afin de valider le mot en solution et de l'évaluer.

Nous allons par la suite expliquer en détail chaque composant et son processus de fonctionnement.

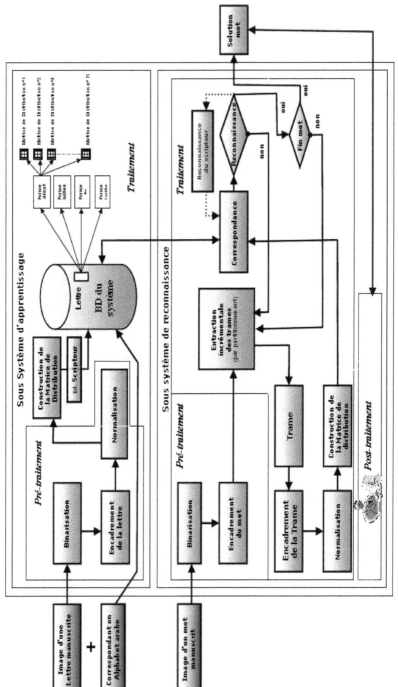

Figure 8 : Architecture globale du système

2.2. Description détaillée

Nous allons détailler l'architecture globale du système et expliquer chaque composant et son processus de fonctionnement.

2.2.1. Sous système d'apprentissage

Le sous système d'apprentissage est la première phase dans le processus de reconnaissance de mots manuscrits, parce que notre approche est basée sur une décision analytique (ascendante) c'est-à-dire qu'il faut avoir une base d'apprentissage des différentes formes d'écriture des lettres manuscrites arabes pour reconnaître un mot.

2.2.1.1. Pré-traitement

Le pré-traitement inclut toutes les fonctions effectuées avant de commencer le traitement pour produire une version « *nettoyée* » de l'image d'origine afin qu'elle puisse être utilisée directement et efficacement. Ainsi le pré-traitement comprend la *binarisation*, la *normalisation* et l'*encadrement*.

a. Binarisation

La binarisation est la première étape de pré-traitement elle consiste à convertir l'image numérisée en une image binaire. Cependant, la binarisation est une opération qui produit deux classes de pixels, en général, ils sont représentés par des pixels noirs et des pixels blancs.

Ainsi les pixels correspondant à des points élevés doivent être binarisés en noire (valeur=1) et ceux dans les creux doivent être binarisés en blanc (valeur=0). La figure 10 montre une image avant est après binarisation.

Image avant binarisation   *Image après binarisation*

Figure 9 : Exemple de binarisation d'une image couleur.

Ainsi, nous avons proposé l'algorithme de binarisation qui utilise un seuil par défaut égale à 127 (50% de la valeur maximale: 255)

```
Algorithme
     POUR i de 1 à largeur FAIRE
          POUR j de 1 à hauteur FAIRE
               p = Image1.pixel(i, j)
               SI p < seuil ALORS
                    val ← 0
               SINON
                    val ← 255
               FIN SI
               Image2.MettrePixel(i,j,val)

          FIN POUR
     FIN POUR
Fin
```

b. Encadrement

L'encadrement c'est le processus de localisation de la lettre, c'est de définir les cordonnées de la lettre dans l'image. Pour cela nous avons crée une fonction qui permet de donner les propriétés suivantes : haut, bas, gauche, droite, afin de passer à l'encadrement de la lettre.

Nous présentons ci-dessous l'algorithme utilisé :

```
Type LocaliserCordonner : enregistrement
        G: entier
        H: entier
        D: entier
        B: entier
Fin

Fonction LocaliserLettre (var image : Bitmap) : LocaliserCordonner

var
        i,j: entier
        hauteur,largeur :entier
        Lettre : LocaliserCordonner
        Couleur : entier
Début
        G = -1
        H = -1
        D = -1
        B = -1
hauteur = GetHauteur(image)
largeur = GetLargeur(image)

// En Haut

  Pour i de 1 à largeur faire
      Pour j de 1 à hauteur faire
            Couleur ← GetPixel(image, j, i)
            Si ((Couleur <> 1) ET (Couleur <> -1))
              Alors
                    Lettre.H ← i
                    Sortir Pour
            Fin Si
      Fin Pour

      Si (Lettre.H) <> -1 Then
            Sortir Pour
      Fin Si

  Fin Pour

Si (Lettre.H = -1) Then
      GetReelText ← Lettre
      Sortir de la fonction
End If

// A Gauche

Pour i de 1 à hauteur
      Pour j de Lettre.H à largeur
            Couleur ← GetPixel(image, j, i)
```

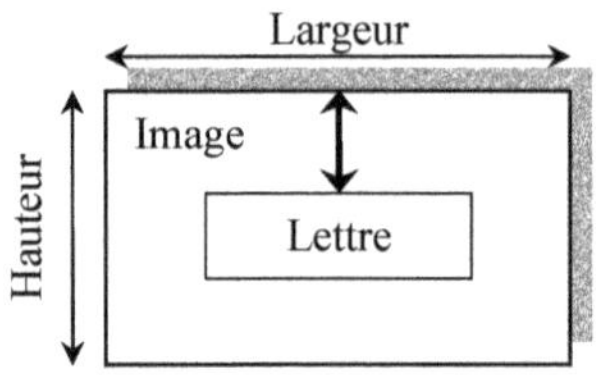

Largeur

Image

Hauteur

Lettre

```
            Si ((Couleur <> 1) ET (Couleur <> -1))
               Alors
                    Lettre.G ← i
                    Sortir Pour
               Fin Si
        Fin Pour

        Si (ReelText.G) <> -1 Then
               Sortir Pour
        Fin Si
Fin Pour

Si (ReelText.G = -1) Then
      GetReelText ← ReelText
      Sortir de la fonction
Fin Si
```

// A Droite

```
 Pour i de hauteur à ReelText.G (pas -1)
      Pour j de ReelText.H à largeur
            Couleur ← GetPixel(image, j, i)
            Si ((Couleur <> 1) ET (Couleur <> -1))
               Alors
                    ReelText.D ← i
                    Sortir Pour
            Fin Si
      Fin Pour
      Si (ReelText.D) <> -1 Then
            Sortir Pour
      Fin Si

Fin Pour

Si (ReelText.D = -1) Then
      GetReelText ← ReelText
      Sortir de la fonction
 Fin Si
```

// En bas

```
 Pour  i de largeur à ReelText.H (pas-1)
      Pour j de ReelText.D à hauteur
            Couleur ← GetPixel(image, j, i)
            Si ((Couleur <> 1) ET (Couleur <> -1))
                 Alors
                    ReelText.B ← i
                    Sortir Pour
             Fin Si
      Fin Pour

        Si (ReelText.B) <> -1 Then
               Sortir Pour
        Fin Si
 Fin Pour
Si (ReelText.B = -1) Then
      GetReelText ← ReelText
      Sortir de la fonction
Fin Si

 LocaliserMot ← ReelText
```

Fin

Cette fonction permet donc de localiser une lettre ou un mot dans une image tout en parcourant toute l'image et en localisant les pixels noirs. Donc cette phase est vraiment la plus intéressante dans notre sous système de prétraitement puisqu'elle nous offre un gain de temps que ce soit dans l'apprentissage ou dans la reconnaissance de mot. La figure 10 montre un exemple de localisation d'un mot dans une image et par la suite un encadrement de ce dernier.

Figure 10 : Exemple d'encadrement d'une lettre dans une image

c. Normalisation (Adaptation)

La normalisation consiste à transformer la taille de l'image et l'adapter à une dimension fixée a priori par l'utilisateur (voir figure 11), pour cela nous avons proposés une procédure qui permet de normaliser l'image encadrée dans une dimension de 64*64 pixels.

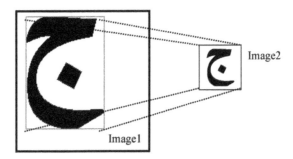

Figure 11 : Exemple de normalisation d'une lettre

Cette procédure copie le contenu d'une première image pixel par pixel et la copie, rétrécie ou agrandie, dans une seconde image.

Nous avons utilisé une échelle qui sera calculée automatiquement en fonction de la dimension de la lettre encadrée dans l'image par rapport à la dimension 64*64 pixels. Alors, on note les différentes échelles :

✓ Echelle>1 : Pour agrandir

✓ Echelle <1 : Pour rétrécir

✓ Echelle =1 : Pour garder la même taille

La normalisation est effectuée par l'algorithme ci-dessous :

```
Procedure Normalisation (Image1: Bitmap, Image2: Bitmap,
Echelle: Réel): Bitmap

Var
X, Y: Réel
c:Long
i, j: Réel
Hauteur, Largeur : Réel
HAdap, LAdap : Réel

Début
Hauteur= ReelText.B- ReelText.H
Largeur= ReelText.D- ReelText.G

EchelleH = Hauteur / Image2.ScaleHeight
EchelleV = Largeur / Image2.ScaleWidth
j = 0
Pour y de ReelText.H à ReelText.B (pas de EchelleH) Faire
   i = 0
      Pour x de ReelText.D à ReelText.G (pas de EchelleV) Faire
         c = Image1.Point(x, y)
         Image2.PSet (i, j), c
         i = i + 1
      Fin Pour
   j = j + 1
Fin Pour
Fin
```

2.2.1.2.Traitement

Dans cette étape, il y aura l'apprentissage des modèles des lettres par des matrices de distribution puis leur stockage dans une base de données.

a. Construction de la matrice de distribution

La construction de la matrice de distribution est l'une des phases importantes dans notre système. Nous considérons par exemple la représentation de la lettre 'jím', qui s'écrit en arabe 'ج' dans sa forme isolée, sur une matrice 5x5 constituée par les nombres des pixels de a à y :

a	b	c	d	e
f	g	h	i	j
k	l	m	n	o
p	q	r	s	t
u	v	w	x	y

On suppose que l'on dispose de plusieurs représentants similaires mais pas tout à fait identiques à la lettre 'jim' ; le nombre minimum de représentant d'une forme de cette lettre est 1 et le nombre maximum ainsi que la variation maximale sont en fonction de la discrimination qui en résulte sur la totalité de la base d'apprentissages (de 'ﺍ' à 'ﻱ') ; ce cas idéal dépend du nombre de pixels contenue dans la matrice (voir figure 12).

41

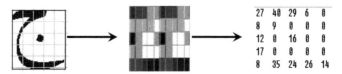

Figure 12 : Exemple de matrice de distribution (5*5) de la lettre alphabet arabe «jim »

Les différents modèles du 'jim' devront être les plus différents possibles (pour couvrir la plus grande gamme de 'jim', mais chacun d'eux devra toujours être plus proche de la classe des 'jim' plutôt que de tout autre classe de lettres.

Pour chaque pixel d'un caractère on étudie les deux cas suivants :

    ✓ les pixels qui sont de 1 à 100 indiquent la présence du caractère;

    ✓ les pixels qui ont un 0 indiquent l'absence du caractère.

On suppose qu'on a une image comme celle de la figure 8 contenant la lettre 'jim' encadrée, si on applique maintenant une matrice de 5x5 sur cette lettre. Cependant chaque cellule va avoir un nombre de pixels. Pour cela nous avons crée une procédure qui permet de transformée l'image d'une lettre en une matrice de dimension 5x5 contenant dans chaque cellule un nombre des pixels.

```
Procedure GetMatriceDistribution(Image:Bitmap , ReelText:
LocaliserCordonner)

    Var
        i, j : entier
        IncH, IncV : entier
        x, y : entier
        a, b : entier
        l, k : entier
        couleur : entier long
        matrice[5][5] : entier

    Début

        IncH = (ReelText.B - ReelText.H) / 5
        IncV = (ReelText.G - ReelText.D) / 5

        x ← 0
        j ← ReelText.D
        Tant que (j < ReelText.G)
          x ← x + 1
          y ← 0
          i ← ReelText.H
          Tant que (i < ReelText.B)
              y ← y + 1

                  Pour k = j To j + IncH
                    Pour l = i To i + IncV
                      couleur = GetPixel(Image, k, l)
                      If couleur = 0 Then
                          matrice[x][y] ← matrice[x][y] + 1
                      End If
```

```
                    Fin Pour
                  Fin Pour
                i = i + IncH
              Fin tant que
              j = j + IncV
          Fin tant que

      Fin
```

b. Base de données du système

La base de données utilisée est construite à partir de l'ensemble de graphèmes issus des écritures écrites par différents scripteurs. Chaque lettre doit être représentée dans la base sous ces différentes formes (début, milieu, fin, isolée) comme dans le tableau n°2.

Caractère	Début	Milieu	Fin	Isolé		Caractère	Début	Milieu	Fin	Isolé
AlifA			ﻟ	أ		Sad	ﺻ	ﺼ	ﺺ	ص
AlifB			ﻟ	ا		Dhad	ﺿ	ﻀ	ﺾ	ض
AlifC			ﺂ	آ		Tad	ﻃ	ﻄ	ﻂ	ط
Ba	ﺑ	ﺒ	ﺐ	ب		Dha	ﻇ	ﻈ	ﻆ	ظ
Ta	ﺗ	ﺘ	ﺖ	ت		Ayn	ﻋ	ﻌ	ﻊ	ع
Tamarbouta				ة		Ghayn	ﻏ	ﻐ	ﻎ	غ
Tha	ﺛ	ﺜ	ﺚ	ث		Fa	ﻓ	ﻔ	ﻒ	ف
Nun	ﻧ	ﻨ	ﻦ	ن		Qaf	ﻗ	ﻘ	ﻖ	ق
Ya	ﻳ	ﻴ	ﻰ	ى		Kaf	ﻛ	ﻜ	ﻚ	ك
Jim	ﺟ	ﺠ	ﺞ	ج		Lam	ﻟ	ﻠ	ﻞ	ل
Ha	ﺣ	ﺤ	ﺢ	ح		Mim	ﻣ	ﻤ	ﻢ	م
Kha	ﺧ	ﺨ	ﺦ	خ		He	ﻫ	ﻬ	ﻪ	ه
Dal			ﺪ	د		LamalifA			ﻼ	ﻻ
The			ﺬ	ذ		LamalifB			ﻸ	ﻷ
Ra			ﺮ	ر		LamalifC			ﻺ	ﻹ
Za			ﺰ	ز		LamalifD			ﻶ	ﻵ
Waw			ﻮ	و		WawHamza			ﻮﺋ	ؤ
Sin	ﺳ	ﺴ	ﺲ	س		Hamza	ﺋ	ﺌ	ﺊ	ئ
Chin	ﺷ	ﺸ	ﺶ	ش						

Tableau n°2: Différentes formes des lettres de l'alphabet arabe

43

L'écriture manuscrite pour un mono-scripteur doit avoir 122 formes d'apprentissage. Le tableau 3 illustre le nombre d'apprentissage pour chaque position de la lettre dans le mot.

Plus la base de données d'apprentissage est grande plus les résultats de reconnaissances des graphèmes sera plus élevés. Ainsi on obtient un taux de reconnaissance de mots plus importants.

Lettre Alphabet Arabe	Nombres d'apprentissages				Total
	Début	Milieu	Fin	Isolée	
	23	23	37	39	122

Tableau n°3 : Nombres des formes d'apprentissages mono-scripteur

2.2.2. Sous système de reconnaissance

2.2.2.1. Pré-traitement

Le pré-traitement est un module qui correspond exactement à celui du sous système d'apprentissage.

2.2.2.2. Traitement

Le traitement est le processus de reconnaissance du mot il consiste à comparer chaque tranche d'un mot qui est représentée dans une matrice de distribution à celle des modèles de la base de données d'apprentissage, afin de reconnaître toutes les graphèmes constituant le mot ce qui abouti à la reconnaissance du mot lui-même. Tous les différentes parties du traitement seront détaillées dans ce qui suit.

a. Extraction incrémental des trames (par partitionnement)

L'extraction incrémental des trames permet de trancher à chaque itération une partie de taille fixe du mot encadrée afin de la mettre dans une matrice de distribution.

b. Correspondance

La correspondance est un processus très important dans notre système puisque qu'il permet de prendre une décision en fonction de la comparaison des caractéristiques des matrices des caractères qui sont dans la base de données d'apprentissage et à celle acquise. Pour cela nous allons définir une fonction qui calcule le coefficient de corrélation entre deux matrices de distributions. Tout le problème consiste donc à étudier les coefficients de corrélations dont le but est de décider quel caractère va-t-ont entretenir.

Le coefficient de corrélation désigne la pente a qui donne le *sens* de corrélation, mais pas sa *qualité* :

- ✓ $a>0$: corrélation positive
- ✓ $a<0$: corrélation négative

44

✓ $a=0$: pas de corrélation

La qualité de la corrélation peut être mesurée par un *coefficient de corrélation r* : dont la formule est ci-dessous :

$$r = \frac{cov(X,Y)}{\sigma_x \sigma_y}$$

Avec X la variable qui représente les valeurs de la matrice de distribution de l'image acquise et Y la variable qui représente les valeurs de la matrice de distribution du modèle de la base de données d'apprentissage.

Le coefficient de corrélation est compris entre −1 et +1.

Plus il s'éloigne de zéro, meilleure est la corrélation

✓ $r = +1$ corrélation positive parfaite
✓ $r = -1$ corrélation négative parfaite
✓ $r = 0$ absence totale de corrélation

Voici quelques exemples de corrélation dont le coefficient de corrélation r est indiqué dans chaque cas :

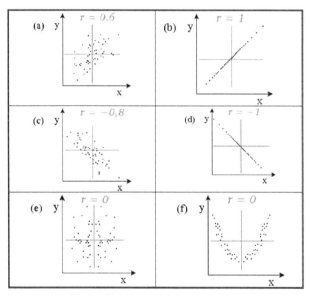

Figure 13 : Exemples de corrélation

La figure a et b nous présentent une corrélation parfaite alors que c et d présentent une coopération imparfaite mais pour le cas de e et f il y'a absence totale de corrélation.

Le processus de correspondance que nous adoptons est décrit dans la figure 14. Nous avons en entrée la matrice de distribution, la position de la primitive extraite (début, milieu, fin). Suivant cette position on parcourt notre base de données d'apprentissage pour retenir les matrices ayant mêmes positions et on calcule la corrélation entre la matrice acquise avec celles retenus. Ensuite on fait la sélection de la meilleure corrélation suivant un seuil fixé par l'utilisateur. Le résultat enfin peut être une lettre ou le vide.

Le système prend en charge la reconnaissance de la première lettre pour pouvoir identifier le scripteur et ensuite le système se charge de prendre cette condition afin de modifier la requête de sélection pour diminuer le parcours de toute la base de données d'apprentissage et d'aboutir à des résultats parfaits.

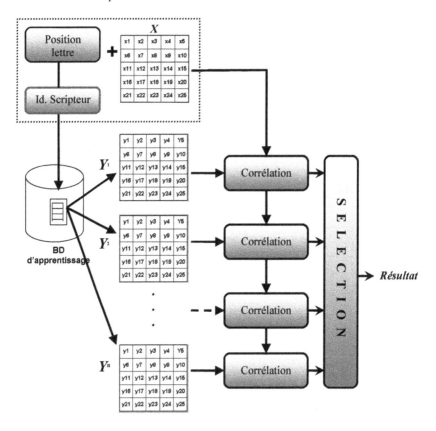

Figure 14 : Processus de correspondance

c. Reconnaissance

La reconnaissance est le résultat obtenu par le processus de correspondance qui va nous donner deux types de décisions que nous définissons dans ce qui suit :

✓ Lettre reconnu : dans ce cas nous somme obligé procéder a deux opérations :

    1. c'est de modifier le processus de correspondance en prenant en charge l'identité du scripteur de la lettre reconnu afin de modifier le processus de correspondance pour qu'il évite le parcours de toute la base de données.

    2. dans un deuxième opération nous ne sommes pas sûre de la terminaison du processus de reconnaissance sur le mot alors on doit vérifier a chaque itération si on n'a pas atteint la fin du mot. Dans ce cas nous avons deux autres conditions :

        • *Fin mot* → non : dans ce cas on mémorise le caractère obtenu par le processus de correspondance et évidement qui a le plus grand score. Enfin en recommence de processus d'acquisition d'une nouvelle partition tout en éliminant les partitions parcourues puisque nous avons abouti à une reconnaissance.

        • *Fin mot* → oui : dans ce cas on rassemble tous les caractères collectés pour construire le mot en solution et nous mettons fin au processus de reconnaissance.

✓ Lettre non reconnu : dans ce cas on conserve la partition précédente et on lui ajoute une nouvelle partition et on recommence le processus d'acquisition d'une nouvelle partition.

2.2.2.3. Post-traitement

Cette étape permet de vérifier et de corriger les éventuelles erreurs de la reconnaissance (figure 15). Cette étape est effectuée manuellement, et permet d'expérimenter la précision du système.

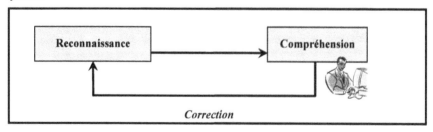

Figure 15 : Processus de correction

Après chaque processus de reconnaissance de mot, il va être envoyé au correcteur pour la compréhension : c'est-à-dire vérifier si le mot entré correspond à celui obtenu.

Nous avons ajouter au niveau de ce processus une évaluation automatique sans intervention humaine (figure 16), elle est basé sur une évaluation non supervisée c'est-à-dire qu'à la fin de la reconnaissance, on vérifie si le mot obtenu correspond a celui demandé, si c'est le cas alors le système mémorise les lettres reconnues et les lettres non reconnues et donnera en sortie une valeur comprise entre 0 et 1. 0 si le mot qu'on veut avoir dans le résultat ne correspond pas à celui reconnu et 1 dans le cas contraire.

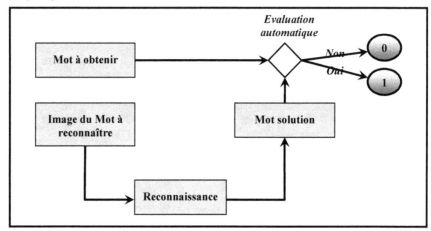

Figure 16 : Le processus d'évaluation automatique du résultat

3. Conclusion

Nous avons proposés dans ce chapitre une architecture de reconnaissance d'écriture manuscrite arabe hors-ligne, nous avons détaillé les différentes parties et module de cette architecture. Dans le chapitre suivant nous allons décrire la réalisation du prototype que nous avons développé pour mettre en œuvre notre travaille. Nous allons aussi mener une étude expérimentale pour valider les résultats de reconnaissance pour notre méthode.

Chapitre 3

Réalisation Du Systeme

Objectifs du chapitre

Nous présentons dans ce chapitre la réalisation du système de reconnaissance de mots manuscrits arabe hors-ligne basée sur une écriture multi-scripteurs qui est déjà détaillée dans le chapitre précédent avec une description du prototype ainsi que ses différentes fonctionnalités et maquettes. Mais d'abord nous décrivons le modèle de développement suivi.

1. Description et expression des besoins

Notre objectif est de créer un prototype de reconnaissance des mots arabes manuscrits hors-ligne. Ce prototype, que nous avons intitulé RIMA (**R**econnaissance **I**ncrémentale des **M**ots manuscrits **A**rabe) et dont la maquette principale est présenté dans la figure 17. Il sera capable d'analyser toutes images numériques bitmaps (BMP, JIF, JPEG, JPG,…). Il doit être capable d'apprendre toutes les lettres arabes sous leurs différentes formes. Et il se base sur cette tâche pour effectuer la tâche de reconnaissance. Le système doit donner des résultats acceptables dans un temps raisonnable.

L'architecture décrite dans le chapitre précédent est implémentée en utilisant les moyens suivants :

✓ Langage de programmation : JAVA.

✓ Stockage de données : Fichier XML.

Figure 17 : Maquette principale du système

Le système comporte deux sous systèmes : Un premier sous système d'apprentissage des modèles des lettres arabes (figure 18) qui permet d'apprendre toutes les lettres écrites par différent scripteur et un deuxième sous système de reconnaissance des mots manuscrits arabes (figure 19).

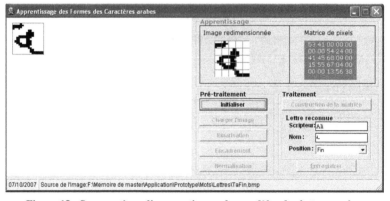

Figure 18 : Sous système d'apprentissage des modèles des lettres arabes

50

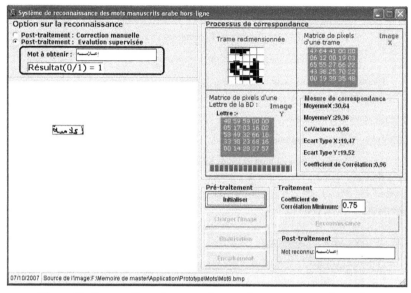

Figure 19 : Sous système de reconnaissance des mots manuscrits arabes

2. Tests de réalisation

Au cours de la réalisation, deux types de tests ont été effectués : les tests des différents modules de l'architecture et les tests de fonctionnement global du système.

2.1.Tests des composants

Dans cette partie, les composants sont testés un par un afin de s'assurer qu'ils accomplissent leurs tâches avec efficacité. Chaque module est testé indépendamment des autres en termes de qualité des données sorties ainsi que du temps de réponse. Ces tests permettent de :

    ✓ Vérifier les fonctions des composants et leurs cas de fonctionnements, tout en respectant des exigences de l'architecture du système ;

    ✓ Vérifier les données erronées ;

    ✓ Vérifier les performances en temps, en mémoires et en capacité ;

    ✓ Vérifier la précision du composant ;

    ✓ Vérifier le bon fonctionnement et le codage correct des algorithmes.

2.2. Tests du système

Dans cette partie c'est l'interaction entre les différents modules qui est mise en test, les tests du système permettent de vérifier :

✓ Le fonctionnement des modules avec les autres ;

✓ Le choix de l'architecture de l'assemblage ;

✓ Le bon fonctionnement du système en globale.

En entrée on doit disposer d'un plan d'intégration et de jeu d'essai. Il y'aura assemblage de l'ensemble des composants, exécution des jeux d'essais avec correction.

3. Processus d'utilisation

3.1. Apprentissage des modèles des lettres

Dans cette partie nous allons extraire les modèles des lettres pour chaque scripteur dans ses différentes formes. Nous allons analyser chaque modèle et d'extraire leurs matrices de distributions afin de les enregistrer dans la base de données d'apprentissage (figure 21). Le schéma général d'apprentissage est illustré par la figure 20.

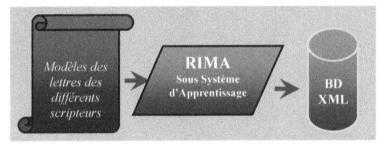

Figure 20 : Modèle d'apprentissage

```
<?xml version="1.0" ?>
<Base_modeles>
 - <scripteur nom_scripteur="All">
  - <Lettres position="Debut">
   - <Lettre nom_lettre="ا">
    - <caracteristique>
       <M11>0</M11>
       <M12>27</M12>
       <M13>20</M13>
       <M14>0</M14>
       <M15>0</M15>
       <M21>0</M21>
       <M22>27</M22>
       <M23>54</M23>
       <M24>3</M24>
       <M25>2</M25>
       <M31>0</M31>
       <M32>5</M32>
       <M33>18</M33>
       <M34>72</M34>
       <M35>69</M35>
       <M41>0</M41>
       <M42>27</M42>
       <M43>54</M43>
       <M44>11</M44>
       <M45>9</M45>
       <M51>71</M51>
       <M52>66</M52>
       <M53>21</M53>
       <M54>23</M54>
       <M55>0</M55>
      </caracteristique>
     </Lettre>

   </Lettres>
  </scripteur>
 </Base_modeles>
```

Figure 21 : Portion de la base d'apprentissage

3.2.Reconnaissance des mots manuscrits arabes

Dans cette partie notre système va essayer de reconnaître les mots entrés. Nous mesurons par la suite la précision de reconnaissance pour chaque mot, qui est le pourcentage des lettres reconnues par rapport au nombre totale des lettres de chaque mot (figure 22).

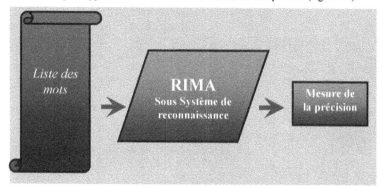

Figure 22 : Modèle de reconnaissance

La figure 23 montre un exemple de reconnaissance du mot «علامية!», la reconnaissance se fait de façon incrémentale caractère par caractère, en se basant sur la base d'apprentissage précédemment construite. Cet exemple utilise une reconnaissance supervisée.

En entré, on a une image nettoyée qui passera a un processus de d'extraction incrémental des trames qui ce dernier se charge de retrancher une trame du mot image et l'envoyer au processus de correspondance qui effectuera la correspondance entre la trame extraite et les modèles des lettres dans la base de données d'apprentissage avec la prise en compte de la position au début et aussi dont les modèles qui sont isolés. Une fois la première lettre reconnue le système récupère l'identité du scripteur qui a écrit cette lettre et le système enregistre dans sa mémoire la première lettre. Le système modifie la requête de sélection des modèles afin d'optimiser et d'éviter le parcours de tous les modèles de tous les scripteurs. Le système recommence le processus d'extraction en éliminant la première partie dont elle correspond à la lettre trouvée. Le système dans sa deuxième mission va chercher dans la base de données tous les modèles qui sont au début puisqu'il s'agit s'un nouveau psédo-mot, etc.

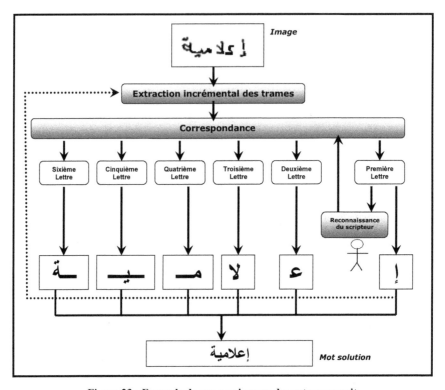

Figure 23 : Exemple de reconnaissance de mot manuscrit

4. Conclusion

Nous avons présenté dans ce chapitre les différents aspects du développement de notre système. Nous avons décrit précisément notre système et nous avons montré le mécanisme de reconnaissance des mots manuscrits. Notre système a permis d'obtenir des bons résultats au niveau de la reconnaissance. Pour valider et tester notre système nous allons l'implémenter dans une école qui enseigne des personnes âgées et nous nous contenterons d'évaluer les examens des élèves.

Chapitre 4

Application du système « RIMA » dans une école pour l'enseignement des âgés

Objectifs du chapitre

Nous présentons dans ce chapitre les résultats des expériences effectuées dans une école qui enseigne des personnes âgées. Nous s'intéresserons sur la correction automatique des examens sans intervention humaine. Nous présentons aussi une extension du système « RIMA » qui effectuera la correction des examens. Nous montrons que notre système peut s'applique dans l'enseignement assisté par ordinateur.

1. Extension du système « RIMA »

1.1. Présentation

Nous avons ajouté une extension au système « RIMA » qui se base sur la reconnaissance des mots manuscrits avec un processus de post-traitement supervisé. Cette extension du système accepte en entrée des copies de plusieurs élèves et qui se charge de les traiter une par une. Chaque copie sera subdivisée en plusieurs images, ces dernières seront envoyées au système « RIMA » pour l'évaluation et enfin le résultat obtenu sera retourné à la l'extension du système. La figure 24 montre le processus de d'évaluation des copies des examens.

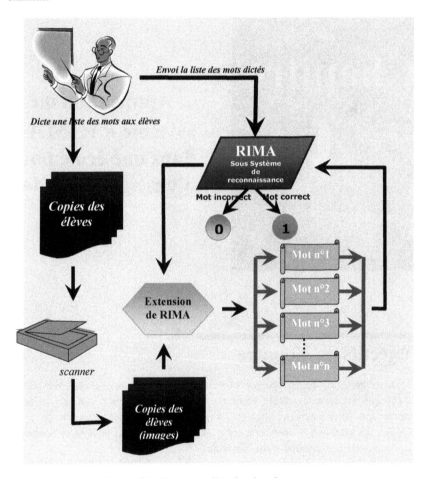

Figure 24 : Processus d'évaluation des examens

1.2.Description détaillée

Dans une première étape nous devons demander aux élèves d'écrire les 122 formes des lettres dans les différentes positions, ensuite nous devons les scanner et les passer aux sous-système d'apprentissage afin de créer notre base de données.

Dans une deuxième étape l'instituteur dicte à ces élèves une liste de mots, ces derniers doivent être écrit séparément et l'un au dessous de l'autre dans un périmètre fixé dans la copie afin de localiser les mots manuscrites dans la copie. Une fois cette étape est terminée, l'instituteur scanne toutes les copies et les ranges dans le disque dur. Chaque image (copie) sera subdivisé en plusieurs sous images qui seront traité une par une par notre système « RIMA » et qui donnera pour chaque image traité le résultat (1 s'il le mot en question correspond à celui entré par l'instituteur OU 0 si le mot n'est pas reconnu) ainsi qu'il nous donnera les lettres reconnues et les lettres non reconnues. L'extension du système se charge de compter les scores des points afin d'attribuer pour chaque copie une note.

Voici dans ce qui ce qui suit un algorithme du processus d'évaluation des copies :

Algorithme ExRIMA

Début

```
Pour chaque copie de i à n faire
    Subdiviser la copie en plusieurs sous image
    Pour chaque image faire
        Passer chaque image au système « RIMA »
        avec le mot a reconnaître
        LC ← Lettres reconnues
        LNC ← Lettres non reconnues
        X ← note de l'image obtenue par le système « RIMA »
        NOTE[i]←NOTE[i]+X
    Fin Pour
Fin Pour
Afficher les notes des élèves
```

Fin

Note : Résultat vaut 1 s'il y a eu une reconnaissance et 0 sinon.

2. Test et expérience

2.1.Données d'expérience

Nous avons extrait 10 copies de 10 élèves qui étudiaient dans une école pour l'enseignement des âgées. Chaque copie contenait 10 mots qui sont séparés les un des autres. D'abord nous avons demandé aux élèves d'écrire dans une feuille les différentes formes d'écriture des lettres manuscrites afin de construire une base minimale d'apprentissage. Voici dans le tableau n°4 la base d'apprentissage minimale d'un mono-scripteur et dans le tableau n°5 les mots manuscrits des élèves qui sont dictés par l'instituteur, et Voici dans la figure 25 un exemple d'une copie d'examen.

Caractère	Début	Milieu	Fin	Isolé
AlifA				
AlifB				
AlifC				
Ba				
Ta				
Tamarbouta				
Tha				
Nun				
Ya				
Jim				
Ha				
Kha				
Dal				
The				
Ra				
Za				
Waw				
Sin				
Chin				
Sad				
Dhad				
Tad				
Dha				
Ayn				
Ghayn				
Fa				

Caractère	Début	Milieu	Fin	Isolé
Qaf				
Kaf				
Lam				
Mim				
He				
LamalifA				
LamalifB				
LamalifC				
LamalifD				
WawHamza				
Hamza				

Tableau n°4: Base d'apprentissage minimale d'un mono-scripteur

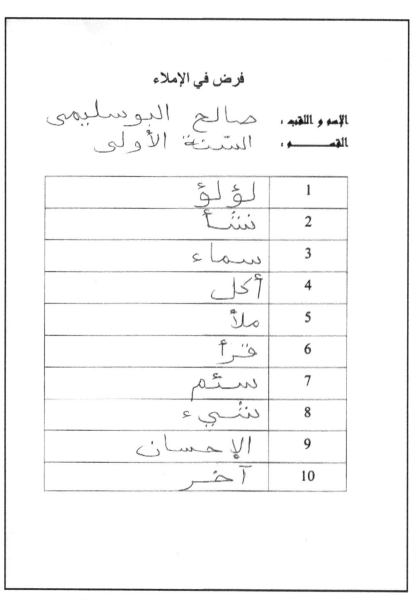

فرض في الإملاء

الإسم و اللقب : صالح البوسليمى
القسم : السنة الأولى

لُؤْلُؤْ	1
نَشَأَ	2
سماء	3
أكل	4
ملأ	5
قرأ	6
سئم	7
نَشيء	8
الإحسان	9
آخر	10

Figure 25 : Exemple d'une copie d'examen d'un élève

Nous présentons dans le tableau n°5 les mots manuscrits des élèves dictés par l'instituteur. Nous allons tester notre système avec ces données pour voir le taux de reconnaissance des mots manuscrits.

Scripteurs / Mots	Ali	Salah	Chedli	Fatma	Manoubia	Fathi	Fahima	Mohamed	Hassouna	Lamine
لؤلؤ										
نشأ										
سماء										
أكل										
ملأ										
قرأ										
سئم										
شيء										
الإحسان										
آخر										

Tableau n°5 : Données d'expériences

2.2. Expérimentation

2.2.1. Post-traitement avec superviseur

Pour améliorer le taux d'erreur dans la correction des mots reconnus par le système, nous avons mené une correction avec un superviseur qui est l'utilisateur. Nous présentons dans le tableau n°6 les résultats des essais expérimentaux d'une étude expérimentale sur des mots manuscrits arabe et nous se basons sur la reconnaissance système sans savoir préalablement les mots prévus à avoir. Dans ce cas notre système travaille dans un vocabulaire ouvert sans dictionnaire et le correcteur n'est autre que l'utilisateur. Pour chaque échelle de précisons de longueur 10%, nous présentons le taux et nombres de mots correspondants.

Précision	Taux des mots	Nombre des mots
90%≤p≤100%	64%	64
80%<p<90%	9%	9
70%<p≤80%	8%	8
60%<p≤70%	5%	5
50%<p≤60%	4%	4
40%<p≤50%	4%	4
30%<p≤40%	3%	3
20%<p≤30%	2%	2
10%<p≤20%	1%	1
0%<p≤10%	0%	0
0%	0%	0
Totaux	100%	100

Tableau n°6 : Résultat d'expérimentation

2.2.2.Post-traitement sans superviseur

Dans une reconnaissance des mots manuscrits arabe avec la prise en compte en entré des mots à avoir en sortis (le dictionnaire), notre système permet d'enregistrer les lettres reconnues ainsi les lettres reconnues afin de trouver à la fin le taux d'erreur. Dans ce cas nous travaillons dans un espace limité puisqu'on connaît le mot prévu à connaître et aussi les lettres qui le composent. Notre étude nous a amené à un résultat de précision qui est de 100%.

Notre étude menée a été implémentée dans une école pour l'enseignement des âgés, elle consiste à évaluer la vraisemblance caractère par caractère (caractère acquis et le caractère prévue). Notre système dépend ici de la qualité d'acquisition d'image.

Notre système donne une statistique sur les mots reconnus ainsi les lettres trouvées et lettres non reconnues.

2.3. Statistiques de reconnaissances

Nous présentons dans le tableau n°7 une étude sur le nombre des mots reconnus, le nombre des lettres non reconnues et les lettres reconnues des élèves. Nous déduisons dans la figure 26 le taux d'erreur[4] par mot de chaque élève d'après le tableau statistique.

---

[4] Taux d'erreur = T. Lettres Non Reconnues*100 / T. Lettres

Mot \ Scripteur	Ali			Salah			Chedli			Fatma			Manoubia			Fathi			Fahima			Mohamed			Hassouna			Lamine		
	MC	LC	LNC	MC	LC	LNC	MC	LC	LNC	MC	LC	LNC	MC	LC	LNC	MC	LC	LNC	MC	LC	LNC	MC	LC	LNC	MC	LC	LNC	MC	LC	LNC
لؤلؤ	0	2	2	1	4	0	0	2	2	0	2	2	1	4	0	0	2	2	0	2	2	0	2	2	0	2	2	0	2	2
نشأ	0	2	1	1	3	0	0	2	1	1	3	0	0	2	1	0	2	1	0	2	1	0	2	1	0	2	1	0	2	1
سماء	0	3	1	1	4	0	1	4	0	1	4	0	1	4	0	1	4	0	1	4	0	1	4	0	1	4	0	0	3	1
أكل	1	3	0	1	3	0	1	3	0	1	3	0	1	3	0	1	3	0	1	3	0	1	3	0	1	3	0	1	3	0
ملأ	1	3	0	1	3	0	1	3	0	1	3	0	1	3	0	1	3	0	1	2	1	1	3	0	1	2	1	0	2	1
قرأ	0	2	1	1	3	0	0	2	1	0	2	1	0	2	1	0	2	1	1	3	0	1	3	0	1	3	0	0	2	1
سنم	1	3	0	1	3	0	0	2	1	0	2	1	0	2	1	0	2	1	1	3	0	1	2	1	1	2	1	0	2	1
شيء	0	2	1	1	3	0	0	2	1	0	2	1	0	2	1	1	3	0	1	3	0	1	3	0	1	3	0	0	2	1
الإحسان	1	6	0	1	6	0	1	6	0	1	6	0	1	6	0	1	6	0	1	6	0	1	6	0	1	6	0	1	6	0
آخر	1	3	0	1	3	0	1	3	0	1	3	0	1	3	0	1	3	0	1	3	0	1	3	0	1	3	0	1	3	0
	NOTE	TLR	TLNR	NOTE	TLR	TLNR	NOTE	TLR	TLNR	NOTE	TLR	TLNR	NOTE	TLR	TLNR	NOTE	TLR	TLNR	NOTE	TLR	TLNR	NOTE	TLR	TLNR	NOTE	TLR	TLNR	NOTE	TLR	TLNR
	5	29	6	10	35	0	5	29	6	6	35	5	6	31	5	5	29	6	8	34	4	8	31	4	8	35	3	3	27	8

Tableau n°7 : Statistiques de reconnaissances

MC : Mot Connu

LC : Lettre Connue

LNC : Lettre Non Connue

NOTE : La somme des mots reconnus par le système

TLR : Total des lettres reconnues

TLNR : Total des lettres non reconnues

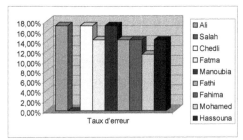

Figure 26 : Taux d'erreurs

D'après l'histogramme des taux d'erreurs, nous avons pu aider les instituteurs à prendre des décisions sur la formation des élèves. Lorsque le taux d'erreur décroît dans ce cas on est sur la bonne route mais lorsque le taux augmente dans ce cas le niveau de l'élève décroît et l'instituteur sera capable de corriger les erreurs et de découvrir les erreurs engendrer par l'élève.

3. Conclusion

Nous avons montré dans ce chapitre le mécanisme d'extraction des mots manuscrits. Notre système a été implémenté dans une école pour l'enseignement des âgées. Nous avons présenté notre extension sur le système « RIMA » et nous avons décrit brièvement les atouts de notre système de découvrir les bons parmi les mauvais élèves. A partir des taux erreurs obtenu par notre système nous avons pu aider les instituteurs à prendre une bonne décision et découvrir très vite les lacunes des élèves.

Conclusion et Perspectives

Notre travail se situe dans le cadre de la reconnaissance de l'écriture manuscrite. Mais il touche aussi à d'autres thèmes de recherche comme le traitement automatique de langues naturelles (TAL), la gestion électronique de documents (GED) et l'enseignement assisté par ordinateur (EAO). Nous nous intéresserons en, particulier, à la reconnaissance de l'arabe manuscrit hors-ligne. La difficulté de ce sujet a amené plusieurs chercheurs à conduire plusieurs travaux pour remédier au problème de la reconnaissance. Cependant, on est très loin d'atteindre le niveau de la capacité humaine dans ce domaine.

L'handicap majeur de la reconnaissance pour les approches existantes est l'opération de la segmentation. Pour remédier à ce problème nous avons proposé une nouvelle approche qui effectue une reconnaissance incrémentale des mots. Le système que nous avons proposé est composé de deux sous systèmes : un sous système d'apprentissage et un sous système de reconnaissance. Le système d'apprentissage a la capacité de nettoyage et de traitement des images, et se charge de la construction de la matrice de distribution sur une dimension de NxN, et d'enregistrer ces caractéristiques dans une base de données d'apprentissage. Nous obtenons donc une base de données qui contient les modèles des différentes lettres apprises. Le sous système de reconnaissance à pour objectif la reconnaissance du mot, il se charge du nettoyage comme celui du sous système d'apprentissage afin d'obtenir des images non bruitées. L'image nettoyée sera décomposée en plusieurs trames et chaque trame va à son tour être comparée avec des modèles de la base de données par la vraisemblance en utilisant le cœfficient de corrélation pour la comparaison des deux matrices de distribution. Si on a abouti à une reconnaissance dans ce cas notre système mémorise la lettre reconnue et identifiera le scripteur pour accélérer la procédure de vraisemblance et recommence le processus incrémental afin de reconnaître les autres lettres qui composent le mot.

Nous avons implémenté l'approche que nous avons proposée en langage Java. Le prototype réalisé respecte l'architecture que nous avons proposée pour la reconnaissance. Pour évaluer la performance de notre système en terme de précision de reconnaissance nous avons mené une étude expérimentale qui porte sur des mots manuscrits numérisés arabes. Les résultats obtenus montre que notre système a permis de reconnaître une bonne partie de l'échantillon du test.

Notre système de reconnaissance des mots manuscrits arabes a été testé dans une école d'enseignement des âgées dont le but c'est l'apprentissage de la langue arabe. Notre système dépend fortement de la qualité d'acquisition des images parce que la présence de plusieurs bruits dans l'image parallélise le système dès le départ.

Le travail réalisé nous ouvre plusieurs perspectives. Nous essayerons d'améliorer la performance de notre système par l'extension de la reconnaissance (qui s'effectue de droite à gauche) par une reconnaissance incrémental de gauche à droite ; ceci nous permettra de s'assurer plus de l'identité du mot. Nous allons aussi essayer de varier la dimension de la matrice de distribution et d'évaluer l'effet de cette variation sur la performance de ce système. Il sera aussi intéressant d'étendre notre approche de reconnaissance de mots vers la reconnaissance de phrases et de textes.

BIBLIOGRAPHIE

[A. Belaïd & G. Saon. , 1997] : A. Belaïd et G. Saon. Utilisation des processus markoviens en reconnaissance de l'écriture, Revue Traitement du Signal, vol. 14, n. 2, 1997, pp. 161-177.

[A. Belaïd, 1995] : A. Belaïd, OCR Print - An Overview, In: Survey of the state of the art in Human Language Technology, R.A. Cole, J. Mariani, H. Uszkoreit, A. Zaenen, et V. Zue (réd.). Kluwer Academic Plublishers, 1995, ch. 2.

[A. Belaïd, 2002] : A. Belaïd, Analyse et reconnaissance de documents, Cours INRIA: le Traitement électronique de Documents, Collection ADBS, 3-7 octobre, Aix-en-Provence, 2002.

[Al-Badr, 1994] B. Al-Badr , R.M. Haralick : « Symbol recognition without prior segmentation ». Conference SPIE-EI 1994.

[Al-Badr, 1995] B. Al-Badr , S.A. Mahmoud : « Survey and bibliography of Arabic optical text recognition ». Signal processing , vol. 41, pp. 49-77, 1995.

[Amat, 1996] J.L. Amat, G. Yahiaoui : « Techniques avancées pour le traitement de l'information». Edition CEPADUES 1996.

[Anigbogu, 1992] J. Anigbogu : « Reconnaissance de textes imprimés mutifontes à l'aide de modèles stochastiques et métriques ». thèse de doctorat, Université de Nancy I, 1992.

[Burrow, 2004] : P. Burrow : « Arabic handwriting recognition ». Master of science thesis. School of Informatics, university of Edinburg, England, 2004.

[Casey, 1996] R.G. Casey, E. Lecolinet : «A survey of methods and strategies in character segmentation ». IEEE Transactions on pattern analysis and machine intelligence, vol. 18, No. 7, pp. 690-7 ,july 1996.

[Coüasnon, 1996] B. Coüasnon : « Segmentation et reconnaissance de documents guidées par la connaissance a priori : application aux partitions musicales». Thèse de doctorat de l'université de Rennes I, France, 1996.

[H. Emptoz, F. Lebougoies, 2003] : H. Emptoz, F. Lebourgeois, V. Eglin, Y. Leydier. La reconnaissance dans les images numérisées : OCR et transcription, reconnaissance des structures fonctionnelles et des méta-données, 2003.

[Ha, 1996] T.M. Ha, G. Kaufmann, H. Bunke : « Text localization and handwriting recognition». Technical report, university of Berne, 1996.

[J. C. Simon, 1992] : J. C. Simon. Off-line Cursive Word Recognition. Proceedings of the IEEE, 80 (7):1151-1161, 1992.

[Kermi, 1999] S. Kermi : « Classifieur neuronal base connaissances, application à la reconnaissance des caractères arabes isolés manuscrits ». Thèse de magister, université Badji Mokhtar, Annaba, Algerie 1999.

[Kosawat, 2003] K. Kosawat : « Méthodes de segmentation et d'analyse automatique de textes Thaï ». Thèse de doctorat, université de Marne-La-Vallée, France 2003.

[Kozima, 1993] H. Kozima : « Text segmentation based on similarity between words ». Proc. 31st annual meeting of the association for computational linguistics, pp. 286-288, Columbus, OH, USA 1993.

[Lecolinet, 1993] E.Lecolinet, O. Barett : « Cursive word recognition : Methods and strategies ». In NATO/ASI , Fundamentals in handwriting recognition, Bonas, France June 21-july 3, 1993.

[M.M.M. Fahmy, 2001] M.M.M. Fahmy, S.Al Ali : « Automatic recognition of handwritten Arabic characters using their geometrical features ». Studies in informatics and control journal (SIC journal), vol. 10, No 2, 2001.

[N. Ben Amara 1999]: « Utilisation des modèles de Markov cachés planaires en reconnaissance de l'écriture arabe imprimée ». Thèse de doctorat, spécialité Génie Electrique, Université des sciences, des Techniques et de médecine de Tunis II, 1999.

[N. Ben Amara, 1996] N. Ben Amara, A. Belaid : « Une méthode stochastique pour la reconnaissance de l'écriture arabe imprimée ». Forum de la recherche en informatique, Tunis, Tunisie, 1996.

[N. Ben Amara, 2000] N. Ben Amara, A. Belaid, N. Ellouze : « Utilisation des modèles Markoviens en reconnaissance de l'écriture arabe : état de l'art ». Proc. 3ème Colloque International francophone sur l'écrit et le document (CIFED'00), 2000.

[N. Ben Amara, 2003] N. Ben Amara Classification of Arabic script using multiple sources of information: State of the art and perspectives, 2003.

[O. D. Trier & T. Taxt, 1995] : O. D. Trier and T. Taxt. Evaluation of binarization methods for document images, On Pattern Analysis and Machine Intelligence, vol. 11, n.12, pp. 312-314, December 1995.

[R. G. Casey & E. Lecolinet, 1995] : R. G. Casey and E. Lecolinet. Strategies in Characater Segmentation : a Survey. In 3rd International Conference on Document Analysis and Recognition (ICDAR'95), vol. 2, pp. 1028-1032, Montréal, 1995.

[S. Knerr & al, 1997] : S. Knerr et al. The A2iA INTERCHEQUE System : Courtesy and Legal Amount Recognition for French Checks. In International Journal of Pattern Recognition and Artificial Intelligence , Spécial Issue on Automatic Banckcheck Processing, 1997.

[Seymore, 1999] K. Seymore, A. McCallum, R. Rosenfeld : « Learning Hidden Markov model structure for information extraction ». AAAI. Workshop on machine learning for information extraction, pp. 37-42, 1999.

[Souici, 1997] L. Souici, Z. Zmirli, M. Sellami : « Système connexionniste pour la reconnaissance de l'arabe manuscrit ». 1ères journées scientifiques et techniques (JST FRANCIL), pp. 383-388, Avignon, France, 1997.

[Steinherz, 1999] : T. Steinherz, E. Rivlin, N. Intrator : «Off-line cursive word recognition: a survey ». International journal on document analysis and recognition, 2(2), pp. 90-110, 1999.

[Tsang, 2000] I.R. Tsang : «Pattern recognition and complex systems». Thèse de doctorat, université d'Anterwerpen, 2000.

[Y. Liu & S. Srihari, 1997] : Y. Liu and S. Srihari. Document image binarization on texture features, On Pattern Analysis and Machine Intelligence, vol. 19, n.5, pp. 540-544, May 1997.

Annexes

Code Source de la Feuille principale

```java
/*
 * RIMA.java
 */

/**
 *
 * @auteur Riadh BOUSLIMI
 */

import java.awt.*;
import java.awt.event.*;
import javax.swing.*;
import FenetreApprentissage;
import FenetreReconnaissance;

public class RIMA
{
     public static void main(String [] args) throws Exception
     {
            FenetrePrincipale    F = new FenetrePrincipale();
     }
}

class FenetrePrincipale extends JFrame
{
     public FenetrePrincipale()
     {
            /**
             * Paramétrage de la fenêtre elle-même
             */
            super("Apprentissage des Formes des Caractères arabes");

            setSize(550,250);

            /**
             * On affiche la fenêtre
             */
            JPanel     P1 = new JPanel();
            P1.setLayout(new FlowLayout());
          P1.setBorder(BorderFactory.createTitledBorder("Menu
Principale"));

            JLabel L1 = new JLabel("RIMA : Reconnaissance
Incrémentale");
            JLabel L2 = new JLabel("des Mots manuscrits Arabe");
            Font F = new Font("Verdana",Font.BOLD,24);
            L1.setFont(F);
            P1.add(L1);

            L2.setFont(F);
```

```java
            P1.add(L2);

            JButton SA = new JButton("Sous système d'apprentissage des
modèles des lettres arabes");
            P1.add(SA);
            JButton SR = new JButton("Sous système de reconnaissance
des mots manuscrits arabes");
            P1.add(SR);

            JButton Quitter = new JButton("Quitter le système");
            P1.add(Quitter);
            Quitter.setBounds(10,20,40,60);
            getContentPane().add(P1);
            show();

            /**
             * Les écouteurs des composants "interactifs"
             */
            this.addWindowListener(new EcouteurFenetre());

            EcouteurAction EA = new EcouteurAction();

            SA.addActionListener(EA);

            SR.addActionListener(EA);

        Quitter.addActionListener(EA);

    }
}

/**
 * L'écouteur pour la fenêtre
 */
class EcouteurFenetre extends WindowAdapter
{
    public void windowClosing(WindowEvent e)
    {
        System.exit(0);
    }
}

class EcouteurAction implements ActionListener
{
    public void actionPerformed(ActionEvent e)
    {
        AbstractButton  b = (AbstractButton)(e.getSource());
        if b.getText()="SA" then
         {
            FenetreApprentissage FA=New FenetreApprentissage();
            FA.show();
         }
        else
        {
            FenetreReconnaisance FR=New FenetreReconnaisance();
            FR.show();
```

```
            }
        }
}

/*
 * CalCorr.java
 */

/**
 *
 * @auteur Riadh BOUSLIMI
 */

import java.io.*;

public class CalCorr{
    private  int[][] M2 = new int[1000][1000];
    private String[] Lett=new String[200];
    private String[] Lettres=new String[200];
    private int NBCL,NBLN;
    private int u=0;
    public Apriori() {

    }

    public float Correlation(int[] A,int[] B,float NL)  {
        int X;
        int X1, X2;
        float MoyX1,MoyX2;
        float a1, a2, a3;
        float ET1, ET2;
        double EcartType1,EcartType2;
        float R;

    /*
       Remise a Zéro des variables
       necessaire au calcul
    */

        X1 = 0;
        X2 = 0;
        ET1 = 0;
        ET2 = 0;
        a1 = 0;
        a2 = 0;
        a3 = 0;
        R = 0;

    /*
       Calcul de la moyenne 1
       Moyenne= (1/n) * Somme[x]
    */

        for(X=0;X<NL;X++)
            X1 = X1 + A[X];
```

```
  MoyX1 = X1 * (1 / NL);
 //System.out.println("Moyenne A="+MoyX1);

/*
   Calcul de la moyenne 2
   Moyenne= (1/n) * Somme[x]
*/

  for(X=0;X<NL;X++)
     X2 = X2 + B[X];

  MoyX2 = X2 * (1 / NL);
 //System.out.println("Moyenne B="+MoyX2);
 /*
  Calcul du covariance
      Somme <(xi-moyenneX)(yi-Moyenne Y)>
   a =----------------------------------
      somme <(xi-moyenne X)^2>
 */

  for(X=0;X<NL;X++) {
     a1 = a1 + ((A[X] - MoyX1) * (B[X] - MoyX2));
     a2 = a2 + ((A[X] - MoyX1) * (A[X] - MoyX1));
  }

   if ((a1 == 0) && (a2 == 0)){
   // System.out.println("Correlation=0");
     return 0;
   }


   a3 = a1 / a2;
   // System.out.println("CoVariance="+a3);
 /*
   Calcul Ecart Type
     ecartTypeA=sqrt(1/n* somme(xi-moyenne de A)^2)
 */

  for(X=0;X<NL;X++)
      ET1 = ET1 + ((A[X] - MoyX1)*(A[X] - MoyX1));

  EcartType1=(double)(ET1);
  EcartType1 = (1 / NL) * EcartType1;
  EcartType1= Math.sqrt(EcartType1);
  ET1=(float)(EcartType1);
  // System.out.println("EcartTypeA="+ET1);
 /*
   Calcul Ecart Type
     ecartTypeB=sqrt(1/n* somme(xi-moyenne de B)^2)
 */

  for(X=0;X<NL;X++)
      ET2 = ET2 + ((B[X] - MoyX2)*(B[X] - MoyX2));

  EcartType2=(double)(ET2);
```

```java
            EcartType2 = (1 / NL) * EcartType2;
            EcartType2= Math.sqrt(EcartType2);
            ET2=(float)(EcartType2);
            // System.out.println("EcartTypeB="+ET2);

        /*
            Calcul du coefficient de correlation
            r= a*(EcartTypeA/EcartTypeB)
            domaine R:{-1<r<1}
            forte correlation = R proche de -1 ou 1
            peut dire qu il y a un lien de causalite entre les 2
variable X et Y
            Ici entre deux matrices A et B
        */

        if (ET2 == 0){
          //  System.out.println("Correlation=-1");
            return -1;
        }

        R = (float) (a3 * (ET1 / ET2));
        // System.out.println("Correlation="+R);
        return R;

    }

}
```

Résumé

Un défi, bien placé dans le traitement automatique de langues naturelles (TAL), est celui de la reconnaissance de l'écriture manuscrite arabe. Les solutions informatiques proposées par les chercheurs sont, souvent, loin d'atteindre un niveau acceptable. En effet ces chercheurs sont confrontés à un problème difficile et incontournable, celui de la segmentation qui fait partie du processus de reconnaissance. Dans ce contexte, nous proposons une autre approche incrémentale de la reconnaissance de l'écriture manuscrite arabe et qui ne fait pas recours à la segmentation et utilise une technique que nous appelons *incrémental*. La performance de notre approche est évaluée par des essais de reconnaissances effectuées sur des échantillons de données réelles.

Abstract

One of the most important problems in the Natural Language Processing (NLP) is the recognition of the handwritten Arabic script. The proposed solutions are, often, far to reach an acceptable level. Researches are comforted with the inevitable and difficult problem of segmentation, which is one of the recognition steps. In this context, we propose a new incremental approach for the recognition of the handwritten Arabic words which does not require the segmentation and which uses a technique that we call *incremental*. The performance of our approach is assessed by an experimental study carried out on real data.

Une maison d'édition scientifique

vous propose

la publication gratuite

de vos articles, de vos travaux de fin d'études, de vos mémoires de master, de vos thèses ainsi que de vos monographies scientifiques.

Vous êtes l'auteur d'une thèse exigeante sur le plan du contenu comme de la forme et vous êtes intéressé par l'édition rémunérée de vos travaux? Alors envoyez-nous un email avec quelques informations sur vous et vos recherches à: info@editions-ue.com.

Notre service d'édition vous contactera dans les plus brefs délais.

Éditions universitaires européennes est une marque déposée de Südwestdeutscher Verlag für Hochschulschriften GmbH & Co. KG
Dudweiler Landstraße 99
66123 Sarrebruck
Allemagne

Téléphone : +49 (0) 681 37 20 271-1
Fax : +49 (0) 681 37 20 271-0
Email : info[at]editions-ue.com
www.editions-ue.com

www.ingramcontent.com/pod-product-compliance
Lightning Source LLC
La Vergne TN
LVHW042345060326
832902LV00006B/387